# DVA MESECA
# U JUGOSLOVENSKOM SIBIRU

# DVA MESECA
# U JUGOSLOVENSKOM SIBIRU

Dragiša Vasić

Globland Books

# SADRŽAJ

| | |
|---|---|
| (uvod) | 11 |
| Kroz Kačanik (jedna afera otkrivena u Kačaničkoj klisuri) | 19 |
| U Prizrenu | 22 |
| Na putu za položaj | 27 |
| Lutanje | 38 |
| Preko Drima | 49 |
| Na položaju | 53 |
| Sa položaja u Prizren | 77 |
| U Prizrenu | 79 |
| | |
| BELEŠKA O PISCU I DELU | 91 |

*Bratu Zvezdanu*

Verovatno je da se već slegla tvoja humka. Ne raspoznaje se, možda, ni tvoje ime na malom drvenom krstiću kojim su tvoji drugovi što su te voleli obeležili mesto gde ćeš večno ostati. Mi smo se, sem tvoje majke, uveliko utešili za tobom i sad, kad govorimo o tebi mi, uz tvoje ime, kažemo „pokojni" tako, kao da ništa nije prirodnije bilo od toga da ti pogineš u dvadesetim godinama na čukarima dobropoljskim. I kao što se niko, sem tvoje majke, nije o tebi interesovao dok si bio živ, tako isto i još manje će se o tebi neko raspitivati posle tvoje smrti. Ti si bio, ti si živeo tako malo, s tobom je svršeno, dragi brate.

Kad si bio mali ti si najviše voleo da igraš „dućana". U to vreme ja sam bio u snom dobu dečaka koji se ponosi što u familiji ima i mlađe dece od njega. I tada mi je uvek padalo u oči što da ti više voliš da igraš „dućana" nego „vojske". A kad si malo poodrastao ti si kao šegrt stupio u trgovačku radnju sa puno volje. Posmatrao sam te i u tom vremenu kako predano vršiš svoje poslove, da bi tvoj gospodar bio potpuno zadovoljan s tobom i da bi o Đurđevdanu i Mitrovdanu mogao doneti svojoj sirotoj majci, koja je radila tuđe, ono malo zlehude zarade. Tvoj otac bio je državni činovnik i posle svoga višegodišnjeg poštenog rada i svoje smrti, ostavio je tvojoj majci i deci dvadeset četiri dinara mesečne penzije. Ti nisi znao da kriviš ni državu ni društvo što se tako malo odužilo tvome ocu koji je, po pričanju svih koji su ga poznavali, bio savestan i vrlo vredan, ali si razumevao da je ono čime raspolaže tvoja majka vrlo malo i da je potrebno da je ti sa svoje strane što pre pomogneš. To je bio smisao tvoga života, to je bila sva tvoja ambicija, to je bio tvoj ideal i on bi to ostao da si ma koliko živeo.

Ti nisi služio vojsku jer je na tebe pao teret hranioca porodice; ti si, uostalom, za nju bio i nesposoban prema svome fiziološkom sastavu. O njoj i njenom pozivu ti nikad nisi ništa ni mislio i vojnik te je interesovao samo utoliko ukoliko je imao naročitu uniformu. Sećam se kako si posmatrao kad smo se mi, tvoji rođaci, vratili iz turskog i bugarskog rata. Kao pouzdano mogu da zaključim da si se ti čudio: kako ljudi mogu biti odvojeni od svojih poslova radi nečega što nije njihov neposredni interes. Takvo je bilo tvoje vaspitanje, jer ti osim organizacije koju si sa drugovima imao radi proslave Đurđevdanskog uranka, drugih organizacija nisi poznavao. Ti si znao samo i isključivo za dug koji imaš svojoj majci i ni za kakav drugi dug, i u stvari, ni prema kome drugom nisi ni imao kakve bilo određene obaveze, ti si bio ubeđen da samo i isključivo pripadaš njoj i nikome drugom i to ti se teško moglo osporiti.

U poslednjem ratu, u jesen 1914. kad sam se vraćao na front ti si pošao sa mnom kao neborac u štabu jednog dopunskog bataljona, koji je išao u sastav svoga puka. Došli smo bili do Vreoca, gde je naš brat Omil bio na predstraži prema neprijatelju, koji je već bio stigao u srce naše zemlje. Znam da sam te tada bio poslao da se sa Omilom vidiš i pozdraviš. Ali posle kratkog vremena od tvog odlaska ti si se vratio k meni bled, prestravljen i bez daha. Jedna granata profijukala je preko tvoje glave, nekoliko puščanih zrna prozujala su pored tvojih ušiju, i ti si se vratio. To je bilo prvi put u tvome životu da ti osetiš sličan strah; pomisao da si mogao poginuti užasnula te je i ti si se prepao prilikom prve mogućnosti da možeš unesrećiti svoju majku. Te noći prenoćili smo nas trojica u jednoj maloj kućici punoj prljave slame i pamtim da ti nikako nisi mogao zaspati i da si prvi put tada preda mnom pušio cigaretu za cigaretom nervozno i zamišljeno.

Od tada mi smo se videli samo nekoliko puta a na Krfu tebe su uzeli za borca. Ja sam strahovao za tebe i rđave slutnje nikako me nisu ostavljale. A posle prve borbe koju je tvoj puk imao Omil mi je javljao: *12. avgusta Zvezdan pogibe. Bili smo u istoj četi.*

Ja te nisam video onoga dana kad si pao, mili brate. Ali tačno mogu da zamislim kakav si izgledao u borbi i onda, kad je tvoje detinje srce prestalo da kuca. To mi nije teško da pogodim, jer sam poznavao i tvoju dušu i tvoje misli. Siroto jagnje naše! Ti si morao biti izvan sebe kad si kroz ubistvenu vatru trčao u streljačkom stroju. Ti si se uznevereno osvrtao na sve strane da nađeš mesto koje bi te zaštitilo, ti si tu zaštitu očekivao od svojih drugova koji su bili pored tebe i na koje si se uplašeno obazirao; za tebe je neshvatljivo bilo zašto se neko trudi da te ubije. Ali ništa dalje od tebe nije bilo nego pomisao da ti drugoga ubiješ. Ti si išao među svojim drugovima i ne poimajući zašto ćeš među njima. Sve one dužnosti o kojima su ti tvoje starešine ranije govorile ti si momentalno zaboravio, ti ih, uostalom, kako valja nikad i nisi mogao razumeti. Tvoja je puška ostala neogaravljena, tvoj bajonet neokrvavljen; i jednog trenutka dok si ti usplahireno tražio zaklon od smrti koje si se užasno bojao, neprijateljsko zrno zaklalo te je. I dok je iz male rane tekla krv tvojih mladih godina, a ti ležao na zemlji okrenut suncu koje se rađalo, dotle su tvoji drugovi na tvome izbezumljenom licu morali čitati očajan i jasan izraz: „Jadna moja majko!"

10. septembar 1916.
Dragiša.

Četvrtog septembra na peronu beogradske železničke stanice bila je neobična gužva. Kroz tu gužvu, praćen drugovima iz redakcije i najbližim rođacima, junački sam se tiskao i žurno koračao ka vagonima da pronađem i zauzmem koliko-toliko ugodno mesto do Skoplja. Ali baš kad sam zakoračio da se u jedan od vagona, koji je već bio ispunjen putnicima, ubacim, kad me neko pozva po imenu.

Okrenem se, to beše viši činovnik stanice, jedan moj ratni drug sa Solunskog fronta.

— A ti baš u Arbaniju?
— U Arbaniju.
— Koji ti je to put?
— Ne znam.
— Onda si zaslužio da se za tebe postaramo. Umoliću inspektora Jankovića, koji vrši inspekciju do Đevđelije, da te u svoj kupe primi.

Pa pokazujući mi rezervisani kupe za inspektora, reče zapovednički:
— Ulazi, ja ću već stvar urediti.

Pošto sam se propisno pozdravio sa svima koji su me ispraćali i po drugi put poljubio ćerčicu koja je ostalima objašnjavala kako tata ide u rat, uđoh, pa se skromno skupih u jednom uglu kupea da sa zebnjom očekujem inspektora koji je, možda, rđav čovek i koji će se, mislio sam, usprotiviti kad me bude video da sam drsko i pre njega zauzeo mesto u za njega određenom kupeu. Ali sam odmah prijatno bio dirnut kad me inspektor, ulazeći sa osmejkom vrlo zadovoljna čoveka na usnama, gospođom i dvoje odrasle dečice, pošto sam mu se predstavio i učtivo izvinio za slobodu koju sam sebi dopustio itd., ljubazno ponudi da se ugodno, bez ustezanja i kao u svojoj rođenoj kući, namestim.

Okrugla i glatka lica, bez i jedne jedine bore, lep i pun gospodin srednjega rasta, sa putničkom kačketom, zlatnim lancem na prsima i prstenjem na ruci, ljubazni inspektor odavao je čoveka savršeno zadovoljna i srećna. Preterano uslužan prema svojoj ženi i deci za koje se brinuo da li će se ugodno namestiti za daleki put do Đevđelije, gde je porodicu uzgred i pošto u kupeu ima dovoljno mesta poveo radi razonođenja, i zaključujući, valjda, da ja moram biti vrlo tužan što sam sâm i što se o meni nema ko da brine, on se odmah i prema meni, u istoj meri, stao pokazivati tako uslužan, da sam se, na taj način i stavljen na ravnu nogu sa ostalima, osetio smesta i sâm članom ove divne inspektorske porodice, utoliko pre što sam i ja, idući na vežbu kao vojni obveznik, putovao besplatno i na račun državne kase.

— Za gde vi, gospodine kapetane?

— Za Prizren i dalje gde bude moj puk.

— Koji?

— Tridedeseti.

— Vi ste aktivni oficir?

— Ne, rezervni, popisni, idem na dvomesečnu vežbu.

Voz se već bio krenuo i priličnom brzinom jurio ka Topčideru dok me je inspektor sa očiglednim sažaljenjem posmatrao. Da je u njegovoj vlasti bilo on bi, uveren sam, naredio da se odmah vratim svojoj kući, toliko mu je, videlo se jasno, bilo krivo što je moguće da onda kad on sa porodicom ide na jedan prijatan put, neko ide na put koji mu ni najmanje nije mio. I milujući zlatnu kosu svoje dvanaestogodišnje devojčice, dok je dečaka, koji je bio mlađi, držao za nežnu, belu ručicu on je mislio, na način koji se primećuje, o tome kako bi me razonodio.

— Ovo je novo trkalište, gospodine kapetane. U polovini septembra biće prve trke. Izvol'te videti — i gospodin inspektor učini pokret rukom u pravcu trkališta kao kad vas skorojević uvede u svoj elegantan salon i ponudi da sednete.

Ja sam posmatrao ovu srećnu porodicu kakvu odavno nisam imao prilike da vidim, ali sam već počeo dobijati želju za tišinom. Bilo je puno stvari poslednjih dana o kojima bi mi sad bilo ugodno misliti. A osim toga hteo sam baciti još koji pogled na Beograd koji ostavljam i koji, možda, vrlo lako više nikad neću videti. Oh, Beograd, koji sam od ranog detinjstva voleo kao svoju drugu majku i iz koga me, eto, teraju sad kad dragovoljno nisam hteo da ga napustim ni radi banje koja mi je neophodna, ni radi Evrope po kojoj odavno, od pre rata, nisam špartao.

I osećajući da ćemo momentalno da zamaknemo i da ću ga brzo izgubiti iz vida, ja naglo proturih glavu kroz okno i bacih jedan pun žudnje pogled preko visokih vračarskih bolnica koje su se ocrtavale, „Moskve" i Saborne crkve, preko Save na Zemun, koji se sa visokim tornjevima u večernjoj magli i ljubičastom sumraku činio kao čarobna varoš koja se spušta s neba.

Velikom brzinom projurismo kraj „Careve ćuprije", pa kroz topčiderski park, čije me klupe pod gustim drvećem setiše na srećne sastanke iz đakovanja, pa stigosmo na topčidersku stanicu.

Čim voz stade, inspektor, koji je sedeo preko puta mene, ustade, izvini se što me uznemirava, pa proturajući svoju lepu glavu kroz okno kupea napravi vrlo važan, naročito strog i zvaničan izraz lica.

— Alo, šef stanice, alo!

Činovnik sa vojničkom kapom i železničkim znacima šefa stanice priđe brzim koracima i učtivo do ispod prozora našeg kupea, na čijim je vratima bila zalepljena hartija sa natpisom: *Rezervisano za inspektora g. Jankovića*, i pozdravi vojnički:

— Izvol'te gos' inspektore.

Ali lice gospodina inspektora namah posta još ozbiljnije i značajno kao da je na mrtvoj straži gde saopštava znake raspoznavanja svome potčinjenom, on sasvim tiho upita šefa stanice koji ga je netremice u oči gledao:

— Jeste li primili poverljivi raspis 202?

— Da, gospodine inspektore.

— Jeste li ga razumeli?

— Potpuno.

— Ako vam je što nejasno obratite se Ministarstvu, mom odeljenju.
— Sve mi je jasno.
— Dakle, tačno u 9.00 časova otpočinje brojanje kola. Jeste li razumeli?
— Jesam, gos' inspektore.
— Merci.

Uvlačeći zatim svoju glavu unutra, gospodin inspektor razvuče lice i udesi nov, drugi, nasmešen izraz koji bi otprilike trebalo da znači neku vrstu privilegije za nas, njegovu porodicu i mene, privilegije, koju, na svaki način, šefovi stanica, za koje je on po pričanju gospođe mu bio strašan kao Bog (kojim su ga imenom i zvali), nikad doživeti neće. Ja zapalih cigaretu pošto sam zato dobio najljubazniju dozvolu dame, povukoh nekoliko gustih dimova, pa naslonih čelo na okno prozora da razmišljam. Priznajem, osećao sam se dosta prijatno. Ja sam čovek koji voli promene. Čini mi se da bi za mene najveća kazna bila da me neko prinudi te da ostanem godinu dana na svojim redovnim poslovima. Samo još da me ovaj voz nosi nešto na sever, recimo na talijansku granicu, umesto na jug, na arbansku granicu koju dobro, savršeno dobro poznajem i gde me, znao sam unapred, ne čekaju baš „masni kolači". Arbaniju, taj pakao, poznajem kao svoju sobu. Zašto u nju, dole, nisu poslali one koji nikako, u toku dugih ratova, ne stigoše da je upoznaju, one što traže da se ona okupira, da se sravni sa zemljom i kazni? Zar samo zato što sam se, poznavajući dobro pitanje, usudio da kažem istinu u oči, da optužim nebrižljivog ministra čijom su krivicom proširena naša groblja, treba da idem i poznam nove neprijatnosti, nove muke, da ponovo stradam?

I pritiskujući čelo na rashlađeni prozor osećao sam kako će ova nepravda, frapantna i ružna, doprineti da mržnja koju gajim prema onima, u čijim smo danas rukama, poraste. Voz stade. Gospodin inspektor se naglo diže, opet mi se izvini, pa pošto se ja uklonih, proturi svoju glatku, opet ozbiljnu glavu kroz okno.

— Alo, šef stanice; šef stanice, alo!

I kad se uniformisana figura, sa zvaničnom knjigom i olovkom u ruci, približi do prozora i salutira, on ponovi tajanstvenim šapatom:

— Jeste li primili poverljivi raspis 202?

— Jesam, gos' inspektore.
— Merci.
Pa se svrši sve istim redom kao u prednjoj stanici.

Ja imam, ne znam otkud, čudno neko uobraženje: kao bajagi, da iz izraza lica mogu da pogodim gde je čovek proveo one očajne godine kad smo bili bez države.

— Vi, mora — rekoh kad on ponovo sede na svoje mesto — da ste u Francuskoj proveli one godine okupacije, gospodine inspektore?

— Ne, proveo sam ih u bugarskom ropstvu — i svakako iznenađen pitanjem: — Molim, na osnovu čega ste zaključili da sam baš u Francuskoj proveo one dane?

— Onako, izgledate mi odmorni...

I, doista, još nikad posle rata, nisam video čoveka tako bezbrižnog i odmornog, na čijem licu nije bilo nikakvog, baš ni najmanjeg traga od briga, napora i preživljenih nesreća.

I ovo lice sasvim glatko, spokojno i veselo kao da na zemlji vlada raj stade da me muči, pa ne mogući da ga dalje podnosim izađoh u hodnik vagona.

Noć već beše nastupila i putnici paljahu sveće da bi se videli ili bolje da bi se jedan od drugog osigurali.

Tek što sam stao i zagledao se u rojeve varnica koje su pored stakla žurno promicale kad me neko, što za sobom zatvaraše vrata kupea, pozdravi.

To je simpatični i otmeni konjički poručnik, avijatičar S. koga sam na prethodnoj stanici ugledao u društvu dama.

— A — rekoh — i vi na front, i uvek s damama, koje napuštate, valjda, samo onda kad se vinete u nebo?

— Grešite se, gospodine kapetane. To su žene dvojice mojih drugova, koji su se pre neki dan stropoštali na aerodromu u Skoplju. Muževi su im prilično povređeni i one žure da ih vide.

— Oprostite. Vi, dakle, na front da njih smenite?

— Ja sam odavno u ostavci, ali odugovlače, ne uvažavaju; sad nas, eto, šalju dole i do uvaženja ostavke sto puta mogu izgubiti glavu.

— Kako?... Niste to dosad u većim opasnostima.

— Ali ovo što se sad s nama radi to je zločinstvo!

— Zašto?

— Kako zašto? Teraju nas da letimo sa rđavim materijalom. Na primer: benzin što su ga tu skoro nabavili ima 720-730 specifične težine, dok je krajnja granica za avionski benzin 680. Ministarstvo vojno i mornarice nije bilo u stanju da po traženju Vazduhoplovne komande nabavi benzin za čitavih deset meseci. Deset punih meseci načelnik inženjerskog odeljenja Ministarstva vojnog i načelnik artiljerije prepiru se oko toga ko je nadležan da ga nabavi, a za to vreme mi smo, pored najbolje volje za rad, držali naše aparate zatvorene u hangarima. A sad, dolazi arbanska pobuna i benzin se odmah kupuje, ali benzin lak, automobilski, ne onaj avionski. I taj benzin šalje se Vazduhoplovnoj komandi s naređenjem, da se formira navrat-nanos jedna eskadrila i uputi na front. Naređenje se izvršuje, piloti nedovoljno spremni nemarnošću Ministarstva vojnog odlaze na front. Još za vreme treniranja kvareni su motori zbog rđavog benzina i vi ste morali čuti o pogibiji dva odlična avijatičara, kapetana Kasanovića i Kolbera. Na frontu stari izviđači lupaju glave zbog nespremnosti svojih pilota koji nisu krivi i rekoh vam maločas za slučaj koji se desio u Skoplju. Eto, tako je to. A novog komandanta i starog avijatičara, đenerala Uzelca, kome je sve ovo poznato, ne grize nimalo savest što ljude šalje u sigurnu smrt.

„'Tico", setih se u sebi ministra vojnog, „počeo sam brzo da ti hvatam konce. Dva meseca će proći, ali šta ćeš posle kad ja tebe stanem da vežbam?"

Voz se zaustavi i mi, gologlavi, siđosmo u sveži večernji vazduh da se prošetamo po peronu jedne male stanice. Mirisalo je veče sela.

— Znate li šta o pobuni?

— Ništa. Vi bar znate da se to krije.

— A osećate li već ratnu atmosferu?

— Da, vozovi s trupama i municijom.

Kad po drugi put naiđosmo pored našeg vagona ugledasmo, provučenu kroz prozor, lepu glavu inspektorovu pred kojom stajaše, u stavu mirno, šef male stanice.

— Jeste li primili poverljivi raspis 202?

Ja se stresoh i izvinjavajući se naglo poručniku S. uskočih u vagon kao da pobegoh. Ni sam ne znam zašto sam to uradio, ali sam se već bio našao u kupeu gde uveliko svi spavahu sem inspektora.

— A vi? — obratih mu se. — Vi ćete ipak morati noćas malo odspavati?
— A, ne!
— Kako? Celu noć? Ali molim vas, zar celu noć i na svakoj stanici?

Inspektor se uozbilji.

— Da, na svakoj stanici, jer je dužnost dužnost.

„Teško meni", pomislih i zažmurih.

I tako celu noć i sutradan sve do Kumanova zujao mi je u ušima strašni, užasni, prokleti, poverljivi raspis 202...

———

Ponovo je palo veče kad smo stigli u Kumanovo gde se poduže zadržasmo. Šetao sam zadugo gore-dole i zastajao da posmatram gorde istorijske kose što su se postepeno gubile u mraku. Tamo dalje ocrtavao se Zebrnjak.

Kumanovo! Kad god sam pored njega prolazio noću činilo mi se kao da lepo vidim kako senke velikih mrtvih iz Velike bitke, sa sjajnim bajonetima, niču i promiču, komešaju se i pobednički lete po rumenim, tajanstvenim, krvavim poljima slave...

I usred toga uzbuđenja prekida me pisak voza koji se beše krenuo. Požurih i uskočih u poslednja kola za kojima zaduvano trčaše jedan starac u šubari i starom vojničkom šinjelu. Pružih mu ruku i pomogoh da uskoči.

— Ti umal' ne ostade, stari?
— Ja tako.
— A kuda?
— U komandu, na vežbu dva meseca.
— Koju komandu?
— Trideseti puk.
— Pa onda idemo zajedno.
— Zar i ti?
— Kako se zoveš?

— Stojko Trajković iz Parilova, opština parilovačka, srez giljanski.
— Koliko imaš godina?
— Pedeset i dve.
— Pa zar i ti, bolan, na vežbu?
— Oteraše u inat, dobri gospodine. Predsednik me otera; imam mladu ženu, pa da me skine s vrata.
— A kako ti se zove predsednik?
— Simeun Jovanović.
— Ajde, kukavče, i ti imaš svoga Branka Jovanovića.

I tako u razgovoru stigosmo u Skoplje gde potražih inspektora, zahvalih mu i poželeh srećan put, pa se rastadosmo, a ja i moj kolega Stojko Trajković iz Parilova, opštine parilovačke, sreza giljanskog, pođosmo da tražimo prenoćište u slavnom gradu Skoplju, Dušanovoj prestonici.

# Kroz Kačanik
## (jedna afera otkrivena u Kačaničkoj klisuri)

Iz Skoplja smo se krenuli izjutra vojničkim vozom. Dan vedar i hladan. U furgonima žagor i pesma jedne polučete graničara upućene u Kačanik gde su se opet pojavili kačaci, a u kolima treće klase nekoliko oficira rezervnih, koji idu na vežbu i aktivnih koji su „iz 'ladovine" upućeni da popune upražnjena mesta po pukovima.

Pošto smo pročitali sve novine, otpočinjemo živ razgovor o pobuni. Svi kritikujemo i osuđujemo „one gore" slobodno, otvoreno, bez opreza, uvereni da među nama nema nijednog sumnjivog i da nas baš ništa gore ne može postići od onoga što nas je već postiglo.

Ja se već osećam prijatno među ovim drugovima što imaju istu dušu, što se tako lepo slažu jer osećaju iste nepravde i što su tesno sjedinjeni kroz stradanje.

— Zamislite da se ni u Skoplju još ne zna šta se sve desilo i šta se sve radi ovamo na frontu — kaže jedan poručnik, koga iz poznatog razloga neću opisivati kao ni ostale i koji je iz jednog povećeg štaba poslat za raspored jednom puku. — A po užurbanosti i nervozi u štabu uverio sam se da su posredi malo krupnije stvari. Šta ćete, to je naša sudbina da nas neprijatelj uvek iznenada zatekne nespremne i onda kad nas dobro lupi, daj trupa i koliko ne treba, troši i bacaj što, da si bio uviđavan i oprezan, ne bi morao utrošiti i baciti.

— Teško samo onima — umeša se jedan kapetan — što su ostavljeni sami sebi morali izdržati napad, a ja verujem da su ti jadnici sve predočavali, sve na vreme tražili, blagovremeno izveštavali i preklinjali za pomoć... Vi, gospodo, niste služili u Beogradu niti će vam se to skoro desiti, uveren sam, ali da ste ma i najkraće vreme bili u blizini „onih gore" vi biste videli kako oni imaju preča posla, vas bi zgranulo sve ono što se tamo radi, sva nesavesnost one velike gospode. Čitajte novine: same afere. Evo, uzmite poslednje i naći ćete: *Još dve afere u Ministarstvu vojnom*. I to, treba znati da među tim novinarima ima malo poštenih i da je njima teško saznati i jednu od deset. A mi što smo u položaju da ih prokljuvimo ne smemo da saopštavamo ništa, jer će se saznati i onda zbogom službo. Evo, šta sam ja, jedan kapetančić pa znam puno sramnih stvari što nisu otkrivene. Prolazilo mi je, brate, kroz ruke. Molim vas, evo vam jedne afere za koju se ne zna.

Ja načuljih uši i oprezno potražih olovku, a kapetan otpoče istoriju:

— U martu ove godine stigla je iz Ombronea jedna kompozicija sa vojnim materijalom u Zemun. Zemunska carinarnica pronađe u kompoziciji osam vagona naznačenih za firmu braće Alkalaja u Beogradu, pa izvesti Ministarstvo vojno da je ovih osam vagona prinuđena da carini. Ministarstvo vojno, primivši ovaj izveštaj zemunske carinarnice, uputi pismo tehničkom delegatu u Parizu s tim da se odgovori: otkuda je smelo i moglo biti da se u vojnoj kompoziciji pojavi privatni bruto. Delegat, pukovnik Božidarević, na ovo odgovara: da je zgranut podatkom koje mu je dalo Ministarstvo vojno i da je ova prljava radnja izvršena bez njegovog znanja; moli gospodina ministra vojnog da za ovu očiglednu izdaju prema državi preduzme najenergičnije zakonske mere i da u osudi prema njemu, ako se nađe da je kriv, bude neumoljiv i nemilosrdan. Po dobijenom odgovoru pukovnika Božidarevića predmet bude upućen vojnom izaslaniku u Pariz s tim da o ovome pripita tamošnje Ministarstvo vojno, biro numera četiri, ukoliko se sećam. A tamošnje Ministarstvo odgovori ovo: da je pukovnik Božidarević molio da se odobri priključenje ovih osam vagona (Alkalajevih) pošto se u njima nalaze tobož razne potrebe za opustošenu Srbiju, koju bi Francuska trebalo da pomogne te da se što pre podigne kako bi joj postala korisna saveznica i druge razne fraze... Eto vam, gospodo, pa sami zaključujte.

Ja se digoh pa se primakoh prozoru. Šara sa veličanstvenim Ljubotenom blistala se u snegu obasjana suncem.

— Vanredno! — reče kapetan prilazeći mi i posmatrajući prizor.

— Fina stvar — rekoh, misleći na aferu, koju je ispričao.

## U Prizrenu

Iz Uroševca vojničkim kamionom stigao sam u Prizren i čim sam otresao „s prsta" debelu prašinu razleteo sam se da potražim administrativni štab tridesetog puka radi javljanja na službu. Pronašao sam ga brzo u jednoj turskoj kući na desnoj obali Bistrice, gde mi jedan „taze" potporučnik, koji je vršio dužnost mlađeg ađutanta, pokaza raspored rezervnih oficira. Bilo je oko pedeset nas upućeno na dvomesečnu vežbu u dvadeset četvrti, trideseti i trideset prvi puk, ali ja sam bio jedini Srbijanac i u naređenju *Pov. Fđ. Br. 9202* ministra vojnog stajalo je izrično i jedino za mene da se imam upotrebiti za trupnu službu.

— Vi ste prvi stigli — reče mi ađutant.
— Prvi ću se i vratiti — rekoh. — A gde ću naći puk?
On sleže ramenima:
— Gde bude; on je u pokretu.
— Prevozna sredstva?
On se malo ustezaše pa odgovori:
— Noge.
— Merci, što rekao inspektor.
— Koji inspektor?
— Ja... onako sam... A moje stvari?
On poćuta pa se priseti:
— Imaćete jedna dvokolica do Ljum-Kule; ona polaze sutra rano. A tamo potražite pukovsku komoru koja svako jutro ide na položaj.

Pošto sam dobio još neka nužna obaveštenja uputih se u varoš. Saplićući se po šiljastoj kaldrmi mislio sam kako ću provesti ovo poslepodne. Prizren je moj stari poznanik i u njemu nema ništa novo za mene, te se reših da pošto ostavim stvari u hotel „Central" iziđem na brdo kod kasarne, pa da se tamo, najzad (jer čovek u Beogradu za to nikad nema dovoljno vremena ), sit sa sobom narazgovaram.

Tako sam i uradio. Pošto sam osigurao prenoćište i nabavio razne ratničke sitnice za put, izašao sam iz varoši i uspeo se na brdo kod kasarne pa seo na travu da uživam u divnoj panorami varoši i njene okoline.

Prizren, sa Paštrikom i Koritnikom u pozadini, starodrevnim gradom, u brdu, načičkanom kućicama što liče na gnezda i mnogobrojnim džamijama, čini prijatan utisak samo kad se ne posmatra izbliza. Ja volim turske varoši i nisu mi odvratni Turci. Ja i ne znam zašto su ponekome odvratni! Oni ne pasuju za evropsku civilizaciju, to je sve. Vera, moral, kuća to je sav njihov život. Oni se mole Alahu, trguju na sitno i pošteno, a ženu su uzdigli na pijedestal neprikosnovenosti. Bogami, ono Šekspirovo „onde gde ja odmaram dušu ne dam" itd. to je orijentalska koncepcija. Mene je često činilo pijanim maštanje o njihovom privatnom životu. A među najlepše dane svoga života uvrstio sam nekoliko što sam ih proveo u Tirani 1912. godine. Sećam se bilo je proleće pa sam redovno ustajao vrlo rano da sedim na doksatu Esadovog dvorca i uz kafu očekujem rađanje onog turskog sunca. Hodža je sa visokog minareta Esad-pašine raskošne džamije pevao i glas mu se razlegao. Visoko nad svetom koji se dole budi, uzvišen nad jednima koji ustaju da ne bi ništa radili, nad drugima što otpočinju rad ili intrigu ili zločin, visoko nad svima mravima, usred prirode koja je dirljivo divna, on podiže svoje ruke k nebu i moli mu se, i za sve one mrave, iz dubine svoje iskrene duše. Koliko sam puta u teškim trenucima tuge i sam strasno zažudeo da odjurim na to visoko minare i da odatle, umakao od onog sitnog života dole, opijen prostranim vidikom, podignem ruke nebu i oči Bogu da mu se pomolim iz dubine i da mu kažem: kako mu se divim i kako priznajem svoju slabost, kako sam nesrećan kad sam dole i kako bih hteo da uvek ostanem gore odakle mogu da vidim kako su sitni ljudi i kako je jedino on veliki.

I ova ista želja bezumno me obuze i sad, sećajući se sve prošlosti i svih bolova, svih iznevernih ideala i nadanja, strašnih razočaranja.

Ceo jedan svet u kome sam živeo tako skoro i koji je bio tako lep izumro je. Samo pre osam godina, mlad, oduševljen, pun vere, ušao sam prvi put u ovu varoš sa pukom, od koga je danas zaostala samo krvava zastava i nekoliko nas da grozno patimo što nismo bili ono što su oni kojih nema.

Kako je onda sve drukče bilo! I gde su sad oni visoki, hrabri i plemeniti ljudi, oni Šumadinci što pravi kao borovi i sveži kao zora uzleteše na onaj Paštrik i Koritnik, što žurahu ulicama ove varoši koja im se divila i gde oni poštovahu pobeđenoga; oni što uspravni kao kipovi stajahu na stražarskim mestima i po visovima posle pobede ili veselo klicahu u krčmama ovoga Prizrena? Kako bih želeo, hteo da se sad vidim sa svima njima, da se onako po starinski sa njima narazgovaram i da se od njih nikad više ne razdvajam. I učini mi se čudno kao da sam u ovu istu varoš došao posle hiljada godina, da je gledam mrtvu, davno umrlu i okamenjenu ili da su oni ljudi što ih malopre videh da prolaze ulicama drugi neki svet koji nikad nisam poznavao i s kojim se nikad ne mogu sporazumeti. I jedan strašan bol stezao mi je dušu do plača.

Sve do mraka ostao sam na ovom istom mestu, a pošto sasvim pade veče ja se polako uputih u „Central" da potražim večeru. Kad sam prošao već pustu varoš i idući tesnim sokačetom ka kafani čuo sam neobične, divlje uzvike i čudnu vrevu koja je dolazila iz kafanske bašte. A kad sam stupio u baštu sve što sam tamo video ličilo mi je na bes revolucije.

Za stolovima bez pokrivača, mokrim od vina i prepunim staklarije, sedeli su zajedno žandarmi i graničari, njihovi oficiri i policajci i nešto se žučno objašnjavali. Sa zabačenim šajkačama ili gologlavi, razbarušeni i crveni, raskopčani žandarmi i graničari, sa puškama preko kolena, vikali su i protestovali, dok su se drugi sa remnikom o ruci muvali oko stolova i popreko i izazivački pogledali na oficire pored kojih su prolazili.

Jedan krupni, riđi, mrtav pijan žandarmerijski kaplar, Banaćanin, koji je sedeo u društvu Arnauta, takođe žandarma iz naših žandarmerijskih bataljona, drao se:

— Kad mi je pisar Pera prekjuče u Krumi kazao: „Stevane, napolje", ja sam uradio evo ovako!

I vadeći šaržer iz fišeklije uze pušku „na gotovo" i napuni je. Cev beše nisko oborena i oficiri što su sedeli pred njim sagoše glave.

— Nemoj, Stevane, ostavi!

I kad svi navališe da se umiri on sede psujući i ostavi pušku preko kolena. Ali ne potraja dugo on se ponovo diže i otpoče opet da preti, dokle ga jedan policijski pisar ne skloni da idu u zasebnu sobu i da se kockaju.

Do direka na kome je prikovana karbitska lampa, jedna jedina što je bedno osvetljavala sav ovaj grozni prizor, bio je sto za kojim su sedeli tamburaši i dve devojke koje su naizmenično pevale odavno poznate pesme. Starija, tuberkulozna i ružna, zlovoljno i s iskrenim preziranjem posmatrala je sve oko sebe i nije ništa odgovarala na drska zadirkivanja što su dolazila sa svih strana; dok je druga, mlađa, puna i dosta lepa, poverljivo, šaputala sa tobdžijskim potporučnikom što je sedeo za stolom prema njoj i što je pre mesec dana izašao iz kadetske škole i ličio na dete. On je davao najveće „bakšiše" a prilikom svakog njenog obilaženja sa „tacnicom" u ruci on je preklinjućim, skoro očajnim pogledom navaljivao na nju da se odluči. Ona se ljupko smešila i pretila glavom, a kad god je podbočena, neizdržljivo piskavim glasom pevala na zahtev često ponavljanu pesmu:

*Crna zemljo i zelena travo*
*Što me nisi pokrila odavno*

ona je značajno pogledala u očajno dete.

Ovu istu pesmu o crnoj zemlji i zelenoj travi, sećam se dobro, slušao sam pre skoro dvadeset godina u „Majdanu", gde smo kao đaci osmog razreda gimnazije krijući se od profesora dolazili o praznicima. I sa iskrenim saučešćem za ove jadne ljude koji su se vratili unazad za dvadeset godina ja se obratih kapetanu Tozi, jednom duhovitom graničaru koji je sa mnom večerao:

— Dakle, to je sve vaš život ovde?

— Da — odgovori on. — To je sve od umetnosti u Prizrenu. I stare pevačice, „karađorđuše", kao nekad gusle, održavaju još samo hajdučke duše.

Požutelo lišće padalo je sa drveća po nama i stolovima a osušene grane zanija iznenadni vetar.

Ja se setih da mi sutra valjaše raniti pa se digoh, oprostih s oficirima i odoh u svoju sobu, gde me odavno čekahu pacovi i stenice. Ali celu noć nisam mogao zaspati, koje od napred spomenutih domaćina, a koje od užasne, paklene dreke onih dole anarhista u uniformi koji se svu bogovetnu noć ne zasitiše crnom zemljom i zelenom travom i koje jedva, na jedvite jade, tek u zoru oneme ono staro, crno i čuveno orahovačko vino, bez koga bi život u Prizrenu bio po sto puta nemoguć. A izjutra kad sam ustao podsetih se na jedan zaključak koji sam u toku noći doneo povodom svega što sam sinoć video, koji ću uvek nositi u duši i koji se odnosi na najstrašniju stvar na svetu, na anarhiju. Taj moj zaključak je u tome da bi mene anarhija ubila, to jest da bih se ja u anarhiji ubio.

## Na putu za položaj

Kad se iziđe iz varoši i pređe razvaljeni drveni most na Bistrici nastaje jedna dosta duga zasađena kukuruzom ravnica kroz koju vodi put za selo Žur. Tu, na samom početku ravnice očekivao sam više od sata komandira žandarmerijskog voda u Bicanima, koji me je uveče bio umolio da zajedno pođemo i tvrdo obećao da će na vreme biti na određenom mestu, pa nije došao svakako zato što se bio, preko običaja, zapio u kafani „Kod kraljevića Đorđa", gde je šljivovica osobito na glasu. Tako sam pošao samo sa Arnautinom koji je nevešto terao dve mršave mazge sa dvokolicama u kojima se nalažahu moje vojničke stvari.

I ovaj put i svu ovu divlju okolinu poznavao sam izvanredno dobro i izmičući pešice ispred kola koja su podizala prašinu i po suncu koje je peklo kao u julu, sećao sam se svih prošlih doživljaja iz ovih krajeva: i predstraže o svojoj slavi u novembru turskog rata na snežnom Koritniku, i arnautske pobune iz 1913. kad je moj puk bio razbijen u Ljumi, i odstupanja iz 1915. kad smo svi bili postradali. Pa sam se pitao: kakva je to, blagi Bože, moja nesretna sudbina da se neprestano vrzmam oko ovog prokletog Koritnika, i da li mi je, možda, suđeno da tu najzad dolijam, tu ostavim svoje namučene kosti. U tom razmišljanju stigao sam vrlo brzo u selo Žur, gde su 1915. godine meštani, čuveni sa svoje svireposti, pobili i izmasakrirali svu posadu od šezdeset četiri graničara zajedno sa komandirom. Tu, pored samih već uravnjenih grobova graničara, po kojima su mirno pasli čupavi arnautski magarići, odmorio sam se nekoliko minuta, pa sam nastavio put za Ljum-Kulu.

Sve do vrbničke vodenice išao sam sâm, a tu pristigoh jednu grupu do zuba naoružanih Arnauta žandarma koji se odmarahu u debelom hladu zidina.

— Dobar dan — rekoh prilazeći im.
— Tunja tijeta.
— Žandarmi?
— Džandarma.
— Koji bataljon?
— Treći — odgovori jedan koji je znao srpski.
— Kući ili na položaj?
— Na položaj.
— Onda ćemo zajedno — pokazah rukom u pravcu položaja.
— Barabar — odgovoriše svi uglas, vrteći glavom po arnautski u znak odobravanja.

Ja sedoh pored njih prihvatajući jednu plehanu duvansku kutiju koju mi jedan ponudi, kad se iza vodenice, na moje veliko iznenađenje, pojavi moj kolega u patnjama Stojko Trajković iz Parilova koji se, valjda, po nekoj važnoj potrebi, momentalno bio zaklonio tamo negde iza zidova vodenice.

— Gde si, čoveče božji? — rekoh pružajući mu ruku.
— Eve me, računam star sam pa se krenuh ranije ne čekajući vas.
— E, od sad ćemo zajedno, jer, vere mi, ja nekom moram komandovati do položaja.
— Ja još malo pa moram ostati — reče. — Izdaju noge.

I zaista, posle pola sata otkako smo se krenuli iz Vrbnice čiča Stojko osta da ga moje oči više nikad ne vide, a ja sa Arnautima po najvećem suncu nastavih ravnim, prašljivim putem, koji vijuga pored Drima, za Ljum-Kulu. A taj Drim, ta široka, puna kamenja i hučna reka, odvratan mi je i mrzak od onog dana kad sam ga prvi put video. I turskog rata i prve arnautske pobune gledao sam ga kako halapljivo i nenasito guta mnoge leševe naših vojnika, a o našem velikom odstupanju, posle katastrofe, kako se zlurado titra i kako u nepovrat valja svu zlehudu, stogodišnju tekovinu najnamučenijeg naroda. I celog puta do Ljum-Kule ćutao sam poštapajući se, i sećao sam se onih groznih novembarskih scena iz odstupanja, o kojima nikad ne bi mogao imati ni približnu predstavu onaj ko u njima nije lično učestvovao.

Tek što sam prešao novi drveni most i uputio se Kuli kad ugledah jednog elegantnog, mladog i nasmejanog oficira koji mi je išao u susret.

— Gos' kapetane, ja sam potporučnik Gortan. Mi smo već čuli na telefonu, da prolazi urednik „Progresa". Dopustite, to za nas u ovoj pustinji znači događaj.

— A da l' bih mogao večeras stići u Bicane?

— Dockan je. Molim vas noćite kod nas, pa sutra rano nastavite put.

Zahvalih se, pa pošto naredismo da se stvari skinu i smeste u veliki turski šator gde se nalazio magacin hrane, uđosmo u Kulu.

U tesnom sobičku prizemnog sprata nađosmo komandira posade kapetana Puhesa bolesnog na svom poljskom krevetu. Šolja od aluminijuma u kojoj se pušio vruć čaj nalazila se na stočiću pored kreveta, kao i peksimit koji je kapetan grickao ili drobio u čaj.

— Od čega bolujete?

— Od dizenterije.

— Otkad?

— O, ima skoro mesec dana.

— Pa što ne idete u bolnicu?

— Ima li je u opšte? A posle, vi sigurno ne poznajete Žiku Elektriku?

— Ko je taj?

— To je naš referent saniteta u Prištini. Lakše je kamili proći kroz iglene uši nego oficiru dobiti bolovanje kad ga on pregleda. U to se mi i ne nadamo nego u ostavke, ali nam ne uvažavaju.

— A vi, gospodine potporučniče, vi izgledate vrlo dobro?

— O, ja sam nešto drugo; ja sve uzimam veselo. Već nekoliko meseci kako sam bez smene u Kukusu. Imam tamo sedam-osam vojnika, samostalan sam i dođem tako do kapetana po malo na razgovor. Nije daleko odavde, mogli biste na konjima otići da vidite moju rezidenciju. Ja sam tamo sve i svja: komandant posade, komandant odseka, garnizonar i komandant mesta. Vere mi, treba videti moj Kukus; to je znamenito mesto jer ja tamo živim, a i Džafer

Bislim, komandir prve čete petog arnautskog bataljona. To je onaj, ako ste čuli, što ima za ženu jednu srpsku majoricu koju je zarobio u odstupanju. Ona se nigde ne viđa, kažu da je lepa, pomirila se sa sudbinom, i, možda, od sramote ne želi da se vraća mužu niti je on traži. Džafer je težak sto trideset kila, a njenu sestru udao je za jednog Arnautina preko Drima. Ona se sirota otrovala jer nije mogla, kao njena sestra, da se pomiri sa sudbinom. Vi ste slušali o pogibiji šezdeset četiri graničara u Žuru kroz koji ste danas prošli, e, to je taj isti Džafer što je opljačkao graničarskog komandira Jovanovića koga je ubio pa mu je uzeo sav novac i konja.

Potporučnik Gortan je svakako jedan sjajan dečko, ali, izgleda mi, kad uzme reč ne ume da se zaustavi... (O tome sam se, uostalom, uverio docnije kad smo se vraćali s položaja. Posle vrlo zamornog marša besmo stigli u Štićane gde smo imali jedan poduži zastanak i gde nas je on, na svojoj čuvenoj mazgi Milki nestrpljivo očekivao. Svi smo ležali na travi sa kapama na očima da ne gledamo u sunce koje je pržilo, dok nam je on referisao o svima, krupnim i sitnim, svetskim novostima o kojima je saznao od poslednjeg viđenja s nama. Otprilike posle pola sata kad se jedan po jedan od nas stao buditi uvidesmo da nas je sve bio uspavao i ugledasmo ga među oficirima trećeg bataljona koji takođe spavahu sem jednoga, nekog mladog i vrlo lepo vaspitanog potporučnika, koji se tada prvi put s njim poznao.)

Pošto sam prekinuo gospodina predgovornika i još malo porazgovarao sa kapetanom Puhesom, izađoh pred Kulu da se sit nadišem svežeg i finog arnautskog vazduha. Ljubičastom sumraku koji je grlio zelene grebene davao je osobitu draž mladi, srpasti mesec koji se lagano peo nad mračnim Galičem. Na zemlji okolo čađavih zidina kule sedeli su, sa ćasama u krilu, vojnici, večerali i poluglasno razgovarali.

— Šta je za večeru? — upitah nekolicinu što su zajedno jeli.

— Ono isto što i juče, ono isto što i prekjuče, i pre sedam meseci i otkako postoji stalni kadar — reče jedan neverovatno drzak kaplar koji je po svoj prilici bio varošanin.

— Pirinač?

— Pirinač, i dozlaboga rđav.

— Pa može li se inače?

— Ne može se više ali šta pomaže; ne vredi govoriti — produži kaplar.

— Evo sedam meseci kako smo bez smene na položaju u Ljum-Kuli i Vau Spasu. Četrdeset osam u bolnici i trinaest u ambulanti, niko ne osta u četi. Obuću pogledajte, propali prsti, veša nema, ali šta pomaže, svi ćemo pocrkati.

— Vi ste mladi — rekoh. — Vaši su očevi patili mnogo više i nisu gunđali.

— Oni su patili — odgovori kaplar — ali to je bio rat, a ovo nije rat, a gore je nego rat.

Ja se usiljeno namrštih.

— Vi mnogo brbljate — rekoh. — A vojska u kojoj se mnogo priča nije vojska.

Oni zaćutaše a ja se udaljih pa priđoh jednoj vatri gde me je potporučnik Gortan, garnizonar i komandant mesta u Kukusu, očekivao sa najvećim nestrpljenjem, pošto je vreme proticalo, a on je imao toliko stvari da mi kaže.

— Vojnici su nam nedisciplinovani — primeti on čim sam mu se približio.

— Ne, dragi moj, nego su otvoreni. Vi znate kako kod nas ide: kad je neko u vojsci podlac i ulizica mi ga ocenjujemo kao veoma disciplinovanog, a kad ko neće da bude takav mi za njega kažemo da je štetan za vojsku, jer je nedisciplinovan.

— Ali se u vojsci mora znati ko je stariji. U njoj ne mogu nikad biti dva ravna, vi znate...

— To je istina — rekoh. — Jer kad bi to bilo oni bi među sobom bili uljudni. Eto, zato kad u vojsci mlađi dokažu da su u pravu onda se odmah konstatuje da moral u njoj opada i zato u kasarni neprestano smenjuje ulizica arogantnog i arogantni ulizicu. Vi ste, svakako, bili u prilici da slušate kad vaš komandir razgovara na telefonu prvo sa mlađim pa posle sa starijim ili obratno, e, onda ste videli kako se lice menja i postaje čas kiselo čas slatko.

— A znate li da sam se javio za avijatiku? — prekide me komandant Kukusa, koji je osetio da neće skoro doći do reči ako ostane tolerantan.

— Znam — rekoh. — Čitao sam u novinama.

— U kojim novinama? Imate li ih kod vas?

— U jednim što izlaze u Kukusu.

— E, kapetane... Ali šalu na stranu, što niste hteli da odemo malo u moju rezidenciju? Možda bismo videli majoricu; kažu da je lepa i da voli Džafera. Hrista mi Boga, ona je mene morala videti toliko puta... Tri kuće u celom selu...

Popili smo i po treću kafu, vatra se skoro bila ugasila, leđa sasvim ozebla, moja glava padala svaki čas na grudi a neumorni potporučnik Gortan, garnizonar, avijatičar i ljubavnik iz Kukusa ponavljao mi je već ne znam koji put dirljivu istoriju o zarobljenoj majorici, vernoj i odanoj supruzi uvaženog ljumskog pljačkaša Džafera Bislima, teškog sto trideset kila po nepristrasnoj proceni u reči stojećeg slavnog avijatičara *in spe* Gortana Gortanovića, čija se privremena rezidencija nalazi u napred spomenutom Kukusu.

Tek je svitalo sutradan kad sam prvi put bio promolio neispavanu glavu kroz „vrata" velikog šatora da vidim ima li gdegod žive duše koja bi mi pomogla da otpetljam sve bezbrojne čvorove na otvoru kroz koji sam hteo da izađem i koji je posilni uveče tako nemilosrdno bio zatvorio kao da sam svu dvomesečnu vežbu tu osuđen da izdržim. To je bila prva noć u šatoru posle ratova i tad sam osetio da na hotel „Central" nisam imao baš mnogo razloga da se ljutim. Pošto sam i po treći put proturio glavu kroz otvor šatora primetih da mu se neko približuje. To beše potporučnik Gortan koji je revnosno poranio da me isprati i dâ potrebno obaveštenje o današnjoj maršruti.

Pomože mi da se izvučem iz šatora i da se spremim, probudi posilnog, naredi da se potovare stvari, pa mi reče poverljivo:

— Danas morate biti na velikoj oprezi, naročito kad se krenete iz Bicana, jer nema dana da na putu ne napadaju. Znajte da vas iza svakog žbuna vrebaju po dva arnautska oka.

Ja se setih da mi je ručna torba ostala u kapetanovoj sobi pa odoh da je uzmem i da se oprostim. Ali vrata komandirove sobe behu zaključana.

— Šta je to? — rekoh jako iznenađen.

— Zaključano.

— A od koga se to osigurava vaš komandir?

— Od nas — odgovoriše vojnici. — Nedavno je došao, ne poznaje nas.

Kapetan ču razgovor, ustade, otvori, dodade mi torbicu i poželi sretan put. Ja srdačno stiskoh ruku Gortanovu, koji me poljubi, izvukoh štap iz bale uvezane konopcem, pa opučih uz brdo pravo za Bicane.

Posle dobrog sata marša stigao sam do platoa na kome se još poznaju rovovi moga puka iz prve arnautske pobune. Pozadi jedne guste vrzine koja se pruža iza rovova nalazi se arnautsko groblje načičkano razbacanim, nakrivljenim i većinom poobaranim kamenjem, kojim se obeležavaju grobovi, a do njega vide se mnoge već uravnjene humke onda izginulih vojnika desetog puka. Ja sedoh pored jednog groba pa se zagledah u Galič, koji me je sad delio od sveta. Ogromna, široka i strma planina, uvek, usred dana, tamna, skoro crna i strašna, sa golim temenom od stena koje liče na čudovišta i nad kojim na vedrom danu, kao šrapnel koji se rasprskava na vrhu, visi beli prameni oblačak, bila je očevidac mnogih naših već zaboravljenih nesreća. Dole u njenom podnožju vijuga brza Šija, koju je puk u odstupanju gazio da bi se dočepao Galiča. To je bilo jedne jezive noći o Đurđicu kad je Šija prosto bila besna i valjala ogromno kamenje posle provale oblaka i kad su gromovi uraganski bombardovali strašnu Galič planinu. Cele redove izbezumljenih vojnika što su se grčevito držali za ruke, konje sa mitraljezima i municijom vitlala je mahnito i obarala kao slamke, nosila i gutala u pobesneloj peni nezajažljiva Šija. I te užasne noći samo su munje gledale kako se junaci bore sa stihijom i kako dva, danas potpuno zaboravljena vodnika, dva diva, Radičević Miloje i Terzić Milisav, uzdignutih ruku nad vodom koja ih je gušila i zanosila prenose delove brdskoga topa i topovsku municiju. I prenesen u najstrašniju noć koju sam doživeo učini mi se: kao da se ogromno čudovište od planine rasteže i širi, da me sve više odvaja od sveta, da me obuhvata i vuče k sebi u nepovrat, kad me trže ravnomerna škripa kola što se primicahu...

———

Selo Bicane, centar skoro svih arnautskih zavera na našoj teritoriji, čuveno sa svojih hodža koji su uvek bili duše svih zavera i inicijatori pobuna, a po ugušenom ustanku „najpouzdaniji" poverenici naših vlasti, nalazi se na jednom interesantnom jezičastom platou, stvorenom prosto da vrši ulogu centralnog garnizona posada za srez ljumski, jedan srez koji je poznat po tome što ga naseljava najnemirniji element naroda arbanskog. Selo se nalazi u podnožju strašnoga Galiča, a neiskazana divljina njegove okoline prosto užasava stranca nenaviknutog na brdske predele, čoveka rođenog u ravnici. Gorostasni i mračni useci i pukotine u ograncima ovog planinskog kolosa, kao zemljotresom prepuknute, presečene ogromne planine, bezdanske uvale u kojima kao da večito huji i ljuti se neka nevidljiva snaga koja je dole s najvećom mukom savladana pa preti da se otme — sav taj pakao, sve to, sa orlovima vladarima ove divljane, ledi krv u žilama pitomog čoveka koji se revoltira protivu surovosti svega i koji bi hteo smisao života u divnoj blagosti naravi i harmoniji.

Na samoj ivici sela nalaze se ruševine jedne kasarne, koju su Turci, u svoje vreme, bili podigli tako da bi mogla da posluži i za odbranu garnizona. Ali je ona bila suviše slaba da obezbedi posadu koju su Arnauti uništavali kad god su hteli, žureći zatim u Prizren radi pljačke, da bi posle očekivali osvetu nove vojske koja je selo rušila i privremeno ugušivala.

Baš kad sam ulazio u selo sukobih se sa komandantom šesnaestog puka koji se sa jednim bataljonom nalazio tu u rezervi. Pozdravio sam ga i hteo da prođem kad me on zadrža:

— Kuda vi?

— Za raspored u trideseti puk.

— Pa zar peške?

— Kao što vidite.

On mi korbačem pokaza svoj štab pa mi naredi da ga sačekam dok se vrati.

— Daću vam konja i ordonansa do Vasjata — pa odjaha.

Ja dođoh do štaba koji je bio smešten u jednoj drvenoj baraci koju su Austrijanci sagradili. Unutra, sa aktima u ruci i perom za ušima, promicale su gologlave ćate, dok su ozbiljni ordonansi pred vratima ćutali.

Taman sam zastao pored spomenika što su ga austrijski oficiri i vojnici podigli svojim izginulim i umrlim drugovima i otpočeo da čitam čitko urezana imena i datume, kad komandant dogalopira na svome belcu koji je frkao pa me pozva i preda mnom naredi da se konji odmah spreme.

Samo posle pola sata i pošto sam pretovario stvari na mazgu, uzjahah, zahvaljujući ljubaznom komandantu na pažnji, jednog snažnog konja, pa se sa ordonansom kretoh za Vasjat gde se nalazila vojna komora moga puka kod koje ću zanoćiti.

Posle dan i po pešačenja bilo je, zaista, zadovoljstvo putovati na konju. Dan je bio lep, sunčan, ali teren rđav i po kamenitoj, tesnoj stazi odmicali smo vrlo sporo, jer se moglo jahati samo uzbrdo. Čas smo se s mukom spuštali u duboke jaruge i provalije, a čas peli uz velika brda da ugledamo druga još veća preko kojih nam je trebalo prelaziti. Jadni konji zapinjali su iz sve snage i bokovi im se širili i uvlačili, naprezali se i dahtali, da se odmore nizbrdicom kad ih sjašimo i idemo peške vodeći ih za uzde i izmičući pred njima da nas ne očepe.

Ali ono što mi je naročito padalo u oči to je: da nigde ne stigosmo nijedan transport, da nigde ne naiđosmo ni na jednu našu stražu i da na celom putu ne videsmo nijednog našeg vojnika, kao što je to bilo u operacijama za vrema rata kad su komore i vojnici vrveli u pravcu položaja ili u pozadinu. To je bio najveći dokaz da su nam jedinice slabe i da se one rđavo snabdevaju.

Sela kroz koja smo prolazili bila su pusta, jer su pre neki dan bila popaljena od naših trupa, pošto su najpre srušena artiljerijom, i samo se poneke kuće pušile po čemu se videlo da u njima još ima živih duša. To su pošteđene kuće naših poverenika. A ceo ovaj put rizičan je dozlaboga, jer vas sa visokih čuka nad klisurama kojima se krećete uvek može uzeti na nišan kakav kačak, što neprestano vreba da se vrati na svoje izgorelo ognjište da bi se uverio da li je na mestu ono što je zakopao ili samo da ga vidi ili se osveti onome što mu je kuća ostala čitava. I ja pristajem da više nikad ne napišem ni jednu jedinu reč i da zauvek ostavim pero, ako bi se onaj koji je mene iz ćefa oterao da se, posle tolikih ratova, vrzmam ponovo po ovim paklenim klancima, usudio da sa celim vodom vojnika prođe onim putem kojim sam ja morao proći samo sa jednim pratiocem.

Stigli smo ipak za videla do čuvene kule Ganji Likine koja se nalazi na samoj Radomirskoj kosi na kojoj je pre neki dan razbijen bataljon četrdeset četvrtog puka. Okružena jakim i visokim zidom sa čestim puškarnicama ova je kula u junu mesecu, opet prilikom pobune, spasla celu jednu četu dvanaestog puka, koju je Ganji Lika primio i hranio sve dok nije došla pomoć, za šta je i novčano nagrađen i odlikovan zlatnom medaljom za zasluge koju redovno nosi na kratkom arnautskom zubunu.

Ganji Lika, koji poznaje mnoge naše oficire što ih je dočekivao i gostio u svojoj kući i čije „teskere", u kojima se nalaze njihova svojeručna priznanja, marljivo čuva, primio me je i ljubazno i iskreno i odmah ponudio gorku kao otrov kafu koju sam morao ispiti da ga ne bih uvredio.

Komandir vojne komore, sa svoje strane, pobrinuo se za moje stvari, a za prenoćište mi ponudio svoj mali naredinički šator u kome je imao da spava i on sa dva velika i četiri mala kučeta koji već behu zauzeli svoja mesta i koji mi svu noć nisu dali oka sklopiti.

Ali pre spavanja i kako je još dosta vidno bilo zamolio sam Ganji Liku i narednika da se uspenjemo više kule do na vrh Radomirske kose te da me odatle orijentišu i što tačnije pokažu put za sutra. Posle nekoliko minuta sedeli smo i pušili na jednom velikom kamenu odakle smo posmatrali ceo ogroman horizont koji je tamneo. Južno, belio se još Korab sa svojim Vratima, čije su šiljaste i snežne zidine ličile na čarobne gradove pristupačne samo bogovima; zapadno ka Luriji, plavili se beskrajni talasasti masivi što su se penjući se gubili u nedogled. U ovom poslednjem pravcu, na dosta širokom prostoru tamo preko Crnog Drima, gorela su i dimila se neprijateljska sela.

— Eno — pružajući štap reče narednik — u pravcu onog najvećeg dima nalazi se Klješ, tu je prvi bataljon i tu ćete preći Drim.

— Onda dolaze Reči, pa Darda i Ćidin, tu je negde i komandant — reče Ganji Lika. — Ono što gori to je, mislim, Ćezina, Grika, Aras, to su danas upalili. A komandant je baš onde pod onim krastavim brdom što izgleda kao jež.

U tami što je nastupala vatre su postepeno zamenjivale dimove.

— Žalosno, šteta! — rekoh gledajući upitno Ganji Liku.

— Sami su tražili đavola — odgovori on. — Otkud se može boriti sa državom?

— Pa lepo, a toliki svet što je izbegao, ona nejač?

Arnautin se namršti pa promrmlja:

— Pomreće po gudurama.

Kad sam posle toga, slomljen teškim umorom, legao u mali šator narednikov, dugo sam mislio o tome: da li je ovaj Ganji Lika u pravu što je izdao svoje pleme, pa mi se sve činilo da on mora osećati dubok bol za onima što su otišli da umiru po gudurama. Te večeri topovski pucnji i mitraljezi sa položaja prekidali su, povremeno mrtvu, gluhu tišinu noći.

## Lutanje

Potpuno spreman još pre svanuća, pošto o spavanju nije moglo biti govora, očekivao sam nestrpljivo da se razdani makar samo toliko da mogu videti belinu uske putanje koja vodi ivicom sela, pa preko jaruge na greben koji sam uveče sa vrha Radomirske kose pažljivo osmotrio i čijim sam rebrom imao da izbijem do druge veće kose sa koje se ponovo vidi krastavo brdo, krajnja meta mojih neželjenih marševa.

Sedeo sam kraj vatre, pušio i čekao, kad priđe narednik.

— Vi poranili.

— Ja već gotov.

— Čuste li noćas pucnjavu?

— Čuo sam.

— Tako svake noći. Regruti, pa ospu više iz stra', a vi sami znate: Arnautin noću ne napada.

I narednik razveza o velikom utrošku municije, onome, razume se, što njega najviše žulji.

— A ko će mi povesti mazgu sa stvarima?

— Odredio sam komordžiju, Arnautina.

— Samo nas dvojica?

— Ima jedan podnarednik što je noćas došao za vama, vraća se s bolovanja.

Podnarednik Joza, inače trgovački pomoćnik iz Mostara, priđe u tom trenutku, pozdravi me i reče da je spreman, pa kako je već počelo svitati ja naredih polazak.

— Kad izađete na kosu preko jaruge onda držite desno — reče narednik, pa nam poželi srećan put i vrati se u šator da nastavi spavanje, umirujući ljutito pse, koji se behu nadali za mazgom paklenim lavežom.

Posle, otprilike, pola sata mi smo već bili na onoj kosi preko jaruge, iz koje smo izašli dosta lako. Ali kad tu stigosmo ja učinih jednu pogrešku koja je toga dana mogla stati života svu trojicu. Evo u čemu je ta pogreška: umesto da produžimo desno, pravom stazom na koju je mislio narednik i koja je sigurno vodila na položaj, ja naredih da nastavimo levo, putanjom koja mi se učinila nešto širom i utabanijom i pored koje se po zemlji pružaše telefonska žica puka. Podnarednik i Arnautin poslušaše, oslanjajući se potpuno na mene, pošto i sami prvi put tada iđahu ovim pravcem. Ali posle nekog vremena, kad besmo zašli u jednu dosta prostranu i gustu ševaricu, putanja se gubljaše dok sasvim ne iščezu i mi ostadosmo samo sa telefonskom žicom, jedinim sredstvom orijentacije usred urvina među kojima se obretosmo. Ova fatalna žica međutim, povede nas neko vreme jednom dosta dugom, testerastom i golom grbom, sa koje momentalno besmo ugledali ono krastavo brdo gde je trebalo da se nalazi štab puka, ali docnije grba se svršavala, dok je žica produžavala jednom kao zid odsečenom strminom kojom je nemoguće bilo sledovati joj i mi se počesmo spuštati u jednu strahovitu jarugu iza koje nam se učini da vidimo više putanja u raznim pravcima. Spuštanje koje je trajalo više od dva sata beše neopisano mučnije negoli penjanje. I dok smo se mi, mestimično, morali klizati sedeći i povlačeći za sobom čitavu hrpu sitnog šljunka koji se veselo i zvonko osipao pred nama, sirota mazga se preturala pa se mučila da se podigne, konopci kojima je sanduk bio uvezan kidali su se usled njenog trzanja i stvari iz sanduka, koji se sav bio rasprskao, na sve strane prosipale.

Morali smo se vraćati, podizati i umirivati uplašenu životinju, tovariti je ponovo, uvezivati, pritezati, pridržavati i to se svaki čas ponavljalo. Ruke su nam drhtale, noge su nas bolele, glava isto tako, od silnog naprezanja, ali mi smo, iako mokri od znoja kao miševi, malaksali i mrtvi umorni, gurali napred po svaku cenu samo da ponovo pronađemo žicu koju smo izgubili

ili kakav ugaženi trag, te da se najzad izvučemo iz užasne provalije po kojoj su naša utrnula stopala bili, valjda, prvi i poslednji ljudski tragovi.

Ali tek kad smo sišli dole, u groznu dubinu, videsmo u kakav smo pakao zapali: to je bilo mnoštvo izukrštanih, neobično dubokih jaruga i pukotina koje se odozgo nisu ni primećivale, a koje dole izgledahu pravi bezdani, pakleni ponori u koje se satima treba spuštati i iz kojih je sumnjivo da se, uopšte, može iščupati.

I usred ovih jaruga, popadali od umora i mrtvi satrveni, pored iskrvavljene jadne mazge koja se uplašeno tresla, mi smo se okretali, zverali na sve strane da bi bar pogodili pravac odakle smo došli i kuda smo se spuštali, pošto se besmo izgubili lutajući satima i u najrazličnijim pravcima užasnog bezdana. Ali to je nemoguće bilo saznati utoliko pre što se visovi oko nas behu uvili gustom kao mleko maglom. Bili smo u očajanju: ni telefonske žice, ni žive duše, ni zvera, ni vode, a mi umirasmo od žeđi, ni ptice, ni putanje, ni najmanjeg šuma. Ono što nam se ozgo činilo da su putanje behu pravilne, duge, kao rukom izrađene pruge šljunka u crvenoj kao krv ilovači.

Visok, suv, pogrbljen Arnautin držao je ular i naslonjen na mazgu plakao. To mi je prvi put u životu bilo da vidim Arnautina da plače i do tog trenutka smeo bih se kladiti s celim svetom da odrastao Arnautin ne može nikad zaplakati. Međutim, i sad još sumnjam da je to bio baš pravi Arnautin. Podnarednik je odavno i uporno navaljivao da se vratimo otkuda smo došli. Ali on i nije znao šta govori, jer kad nismo imali pojma otkuda smo došli šta nam je i vredela odluka da se vraćamo. Ja, zato, naredih da pođu za mnom jer verovah da ćemo se ipak nekako izvući. Ono, istina, što mi je najviše zadavalo brige to je magla koja nas je postepeno i sve više opkoljavala; zato sam i hteo da se produži bez odmora. Tako smo iz dna najdubljeg korita, u koji smo se bili spustili, otpočeli penjanje. Sva trojica vodili smo i pomagali mazgu koja se svaki čas suljala i vraćala nas po desetinu metara unazad. Ruke su nam bile iskrvavljene, lice od paprati i granja, koje nas je udaralo, izgrebano, znoj nas je oblivao i sušio se. Situacija, jednom reči, bila je i suviše očajna kad smo, pošto se magla podiže sa brega uz koji smo se pužali, opazili da nismo još bili prešli ni trećinu brda. Pogledah u sat on beše stao. „Bože, koje li je doba dana?" Slomljeni naprezanjem zastajali smo pak mnogo više radi mazge koja se neiskazano mučila negoli radi nas. Pitao sam se po sto puta zašto mi je i trebalo da nosim te stvari, kajao se i ljutio se na samog sebe što mučim i čoveka i životinju samo radi toga da bi mi bilo ugodnije na položaju. Najzad, posle očajnih napora, koje nikad ne bih verovao da mogu da izdržim, stigosmo na vrh grebena. Ali kad smo ozgo pogledali sve je oko nas bilo u magli sem jedne jedine strane, za koju sam pouzdano držao da je baš ona u čijem pravcu treba da se krećemo.

— Gospodine kapetane — promuca podnarednik. — Vidite li gore na brdu nekoliko šatora? — i u nestrpljivom očekivanju da ja to potvrdim on očevidno raspoloženiji nego dotle dodade: — Baš su šatori!

Ja izvukoh dogled, gledah, gledah dugo, ali se nisam mogao uveriti.

— Nešto se beli — rekoh — imaš pravo; ali da li su to šatori, bog će sveti znati.

— Sigurno — odgovori podnarednik. — To je naša predstraža.

— Onda napred — rekoh obraćajući se Arnautinu, pa pođosmo niz brdo.

Ali ko bi mogao opisati sve redom malere toga nesrećnog nezaboravljenog dana!...

Tek što smo se spustili u ovaj nov bezdan i zastali da se pre penjanja odmorimo kad neočekivano jedan pucanj odjeknu, pa drugi i dva zrna martinke parajući profijukaše više naših glava. Mi se posagosmo, polegosmo, pa se pogledasmo skamenjeni, kao gromom poraženi, iako smo to svakog trenutka trebali iščekivati.

— Odakle dolaze?

Joza pokaza rukom pravac.

— Pucaj tamo.

On se kolebao.

Ja priskočih k njemu da uzmem pušku, ali je on munjevito smače, upravi tamo i ispuca ceo šaržer brzom paljbom.

— Pucaj još pet, brzo!

On posluša i dubravom se prolomi parajući, oštar odjek.

Mi sačekasmo još malo pa kad se ništa više ne desi oprezno krenusmo napred uz brdo. Na polovini brda, između nekoliko visokih jasenova, ugledasmo dve izgorele kuće pored koje se viđahu zakloni od kamenja sa puškarnicama. Mi okretosmo levo i obiđosmo kuće obzirući se stalno, dok ne stigosmo do vrha. A tamo na vrhu, umesto šatora koje smo očekivali da vidimo, mestimično se belile gomile snega koji je kopnio i koji nas je prevario da bi nam doneo novo i neizdržljivo razočaranje.

Nekoliko minuta stajali smo i gledali jedan u drugog očekujući da padne kakav god predlog. Zatim se, kad niko ništa ne progovori, počesmo osvrtati da bismo pronašli ma šta za orijentaciju. Međutim, za našu sreću, magla se na onoj strani sve više rasturala i nov prostor nam se ukaza pred zamućenim očima.

— Jozo! — rekoh. — Eno onamo mora da je Drim; tamo treba da idemo.

— Ne, nikako! — uzviknu on. — Vidite li u dolini nekoliko kuća? One nisu upaljene, to znači naši se tamo ne nalaze i ako produžimo u tom pravcu pašćemo Arnautima u ruke, propašćemo sigurno.

Ja se naljutih:

— Naši su preko Drima, šta pričaš.

— Ono selo nije upaljeno, kad vam kažem.

Ja pozvah da se krenemo. Ali čim se spustismo magla nas obavi i kad se, docnije, ponovo podiže mi primetismo da smo opet došli onde odakle smo se krenuli.

Ja izgubih svaku nadu. „Bože, šta smo ti skrivili, što nas tako mučiš?"

Ali odmah zatim senu mi druga misao.

— Jozo, imam jedan pametan predlog.

— Recite, gos' kapetane.

— Ako ovako sva trojica produžimo da lutamo propašćemo. Zato je najbolje da se rasturimo u tri razna pravca: ja na jednu, ti na drugu, Izedin s mazgom na treću stranu. Ja ću sobom poneti nešto od svojih stvari. Ko prvi nađe naše, biće dužan da izvesti komandanta i da ga umoli da pošalje jednu patrolu koja će ostalu dvojicu potražiti, pronaći i odvesti u puk. Pristaješ?

— Ne pristajem.

— Zašto?

— Zajedno smo pošli, zajedno da ostanemo do kraja, pa šta dâ Bog. Ja vas neću ostaviti.

— Kad je tako onda napred za mnom.

Samo nešto docnije magla stade da se podiže i mi na neopisanu našu sreću primetismo malo podalje neke putanjice koje počesmo da ispitujemo. Te putanjice morale su voditi u neko selo pored Drima. I nismo se prevarili. Mogli smo pešačiti još dva-tri sata kad naiđosmo na jednu vodenicu istina pustu, ali u kojoj se moglo zanoćiti, napiti vode, umiti, oprati i odmoriti do mile volje. Joza je, dok smo sedeli pred vodenicom i pušili, neprestano predočavao kako ćemo pasti u arnautske ruke, jer selo u čijoj smo blizini nije upaljeno, kad se odjednom na našu neopisanu radost, iz jedne obližnje jaruge pojavi jedan naš vojnik sa zametnutom puškom preko ramena i telefonskom kožnom torbicom o ruci.

Mi divljački, iz sveg glasa povikasmo, i malo posle vojnik koji se beše zaduvao uzbrdicom, približi se vodenici pa nam priđe.

— Iz koga si puka? — zavapismo i ja i Joza.

— Ja iz tridesetog.

— Ama šta kažeš, čoveče?

— Živeo! — uzviknu Joza.

— Pušiš li?

— Pušim.

— Puši, druže!

A on, gledajući nas iznenađeno, uze, zbunjen, finu cigaretu iz moje kutije, zapali, povuče, pa puštajući dim primeti:

— Uf, slavu mu, finog duvana, a mi se ovde potrovasmo ovim arnautskim.

Joza ga saleti pitanjima:

— Veliš tridesetog puka, a bataljona?

— Prvog.

— Odakle ideš?

— Od mosta. Naš ga vod osigurava.

— A ostali?

— Dve čete u Klješu, tamo sam i pošao, u bataljoni štab.
— Nije daleko?
— Jedan sat.
— Onda ćemo zajedno — rekoh odlučen da se o sutrašnjem putu i situaciji podrobno obavestim od oficira prvog bataljona.

Joza i Izedin sa stvarima imali su da me čekaju u vodenici dok se vratim i da se postaraju za vatricu, najmiliju stvar na položaju.

— Da li znaš koliko je sati? — obratih se vojniku.
— Ko ti zna — odgovori on. — Ali ako se mnogo ne zadržiš gore u bataljonu stići ćeš da se za videla vratiš u vodenicu.

Pa on napred a ja za njim kretosmo se uz jedan vrlo strm kamenjak niz koji se slivala voda sa raznih strana, verovatno iz kakvog izvora ozgo s planine, i pužasmo se dobar sat do Klješa, koji se nalazi na jednim planinskim nogarima na čijem se prednjem delu, prema Drimu, vidi džamija sa nekoliko kuća unaokolo.

Povremeno, na raznim stranama, pucale su puške. Mi uđosmo u dvorište jedne kuće, od koje su ostali samo čađavi zidovi, pa nas jedan vojnik, na naše pitanje gde su oficiri, uvede u nisku zemunicu prepravljenu od štale.

Unutra, u uglu zemunice poduprte sa tri trule soje, na jednoj lesi po kojoj je prostrvena slama pokrivena šatorskim krilima, ležao je jedan oficir, čija plava, blaga i inteligentna glava odavaše čoveka kome vojska, predstraža, to jest hajdukovanje sa kačacima, nikako nije moglo biti glavno zanimanje. Pored njega, na lesi, sedeo je drugi oficir, strogog, energičnog, pravog vojničkog izgleda koji, naprotiv, obrastao u bradi koja mu je dolikovala, ostavljaše utisak čoveka prosto stvorenog da večito bude na rizičnoj, punoj opasnosti službi na kojoj se sada nalazio.

To beše kapetan Božičković, jedan od najboljih komandira u puku.

Ja mu se predstavih pa me on upozna sa plavim oficirom koji se upola podiže izvinjavajući se slabošću i izgovarajući svoje ime:

— Doktor Poljak, advokat iz Ljubljane, vodnik mitraljeskog odeljenja.
— Jeste li odavno na vežbi?
— Prošlo je već dva meseca, zadržavali su nas protivno zakonu.

— Zakonu? Zar vi više od dva meseca u Arbaniji pa još pamtite i upotrebljavate tu jadnu, tu izmrcvarenu reč?

— Imate pravo — reče on. — To je vrlo smešno što sam kazao.

— Nego, hoćete li me obavestiti o situaciji? — upitah Božičkovića. — Šta ima novo? Treba da požurim.

— Eto tako — odgovori on — puckamo; baš maločas jedno zrno očeša sleme naše zemunice. Nikad mira.

— A na frontu?

— Na frontu? Kako da vam kažem? I ovo je front. Nema tu bogzna kakve snage, ali se tim arnautskim vevericama, iako ih je malo, ne može doakati na ovim čukama, gde se oni veru kao jazavci, gde su oni pravi kraljevi.

— Da li biste hteli da mi pokažete put do puka?

Bolesni oficir ustade i obojica ogrnuše šinjele pa izađosmo na ćuvik više zemunice.

— Eno — reče kapetan Božičković pokazujući jednu markantnu tačku u klisuri. — Otprilike onde ćete preći Drim. Vidite li sad ono brdo preko Drima što liči na položeno jaje sa „šotom" okrenutom nama, e, na završetku njegovom, sasvim na vrhu, vide se šatori jedne čete, evo vam dogled; kad pređete to brdo onda eno vam klisure koja liči na leptirova krila, a za njom dolazi krastavo brdo u vidu ježa. Tu je pod tim brdom štab, a dalje na onim tamo gredama su treći i drugi bataljon, i to treći na onim pošumljenim, a drugi na golim, desno. Kao što vidite tamo je gore nego ovde, jer su oni preko Drima i posle kiše, ne daj bože, oni bi bili odsečeni, jer bi ono čudo što ga zovu most, kao slamka, otišlo do đavola. Drim je ludo brz.

— A drugo — dopuni Poljak uzdahnuvši — od onih greda što vam je pokazao kapetan i gde se nalaze ona dva bataljona pa do lekara treba vam ravno šezdeset kilometara.

— Nego, znate šta — reče Božičković prisetivši se. — Našem bataljonu nedostaje jedan komandir. Idite odmah do našeg komandanta bataljona pa ga zamolite neka telefonom izvesti puk da je jedan kapetan došao za raspored i da traži da ostane ovde. Komandant je kod džamije, eno vam džamije.

— Ko je komandant bataljona?

— Major plemeniti Belošević.

Ja odbih, pa pošto se zahvalih i pozdravih odvalih niz brdo ka vodenici šapućući:

— Jadna njegova plemenitost u ovom paklu.

Kad sam stigao dole čekala me je moja vatra baš kako sam zamišljao, a pored nje Izedin i Joza zauzeti oko čaja koji je Joza majstorski znao da udesi. Ali je moj umor bio na vrhuncu. Na meni je sve bridelo: i noge i ruke i obrazi. Činilo mi se da se u meni sve prži i da ću sav izgoreti. I kako me je glava jako bolela ja predložih da odmah polegamo kako bismo se što bolje odmorili za sutradan.

Ali kad smo legli ja nisam mogao zaspati. U tesnoj vodenici nasred koje goraše vatra bilo je mesta taman za nas trojicu. Joza, uvek obazriv i oprezan, iz nepoverenja prema Izedinu legao je do vrata i lično prepročio izlaz. Izedin duž jednoga zida, ja duž drugog bili smo jedan prema drugom i češće se pogledali ispod oka, kao da svaki od nas želi da onog drugog uveri u savršenu lojalnost i prijateljstvo sklopljeno u zajedničkoj nesreći. I dok je crvenkasti plamen treperio i poluosvetljavao čađave i crne zidove vodenice mi smo mirno gledali u vatru: da bi u njenoj svetlosti ugasili sve neprijatne i mračne misli što su navirale, i zaboravili na noć koja je oko nas skrivala sva strašila, sve tajne i sve grozne aveti što smo ih zamišljali da krstare i lutaju po ponorima, iz kojih smo se danas iščupali samo božjom voljom. A dole, ispod nas, mučila se i gušila, ključala i u žlebu uzbunjeno krkljala, pa prštala i praskala voda, kao da je žurila da što pre pobegne ispod žrvnja i mirno produži jazom što vodi kroz noć. I baš kao ova voda žurahu se uzbunjeno i moje nemirne misli: uspomene, sva prošlost, sav život koji nikad ne znađaše šta je to miran jaz. Pre više od dvadeset godina, za vreme jednog đačkog izleta, noćio sam u jednoj vodenici i isto ovako kao noćas slušao žumorenje uznemirene vode, koja se žurila. Kako je brzo i surovo prošlo dvadeset godina, i kako je samo jasno da je život strašno kratak i surovo ozbiljan! I razmišljajući o ljudskoj ravnodušnosti pored svega toga, o njihovoj nemarnosti iako svakog sekunda umiru, ja zaključih da se ona, sva ta ljudska neozbiljnost, može samo objasniti:

ili dubokom mudrošću ili životinjskom nesvešću ili osobitim ludilom koje je nasledno...

Vatra se gasila i ja sam već osećao i zimu, i, u isto vreme, kako pacovi jure, vitlaju tamo-amo po vodenici. To su bila dva vrlo jaka razloga da se navuče šinjel preko glave. Zažmurim i mislim: gde su bila ona dva oka o kojima mi je govorio Gortan u Ljum-Kuli kad me je ispraćao za Bicane i koja su me danas nišanila. Mora da su me posmatrala ovako isto kao što me sad gledaju, sa svih strana, iz svake rupe čađavih vodeničkih zidova, svetle kao varnice, male i drske oči gadnih pacova...

„Znam vrlo dobro da se pacovi plaše od ljudi, ali ovi ovde što se ništa ne boje neka ih baš; naprotiv, prijatno mi je, jer me tabani bride i kad me oni grickaju svojim sitnim i šiljastim zubićima sasvim zaboravim na glavu i više me ništa ne boli. Ama ih je 'bestraga' mnogo, kao mravi kuljaju iz svih rupa da zauzmu mesta na telu, samo što ja nikako ne dam vrat jer me ne bridi i branim ga jer me guše, a svud gde bridi slobodno im je da grickaju."

Osećam da me jako drmusaju za ruku, prenem se kao oparen i otvorim oči:

— Ja sam, gos' kapetane, Joza.

— Ti si, šta ćeš, Jozo?

— Malo se rasanite.

— Šta?

— Buncali ste, teško ste disali.

— Čarni vatru, pa lezi, Jozo.

I opet žmurim i hoću na silu da zamislim kako se leluja klasje u polju, jer se tako najlakše čovek uspava ili kad broji. I zaista, lepo zamišljam kako vetrić blago povija zlatno klasje koje se talasa. Ali među klasjem, eno, vidim mnoštvo pacova, provlače se, jure, lete nekud kroz beskrajne talase trave. Ravno sto redova, ali ne razumem zašto svi nose dugačke, tanke, bele štapove u ručicama. Sigurno zato što je mnogo lakše brojati redove štapova. Svi imaju oko vrata mašnice otvorene, drečeće boje i sve ostalo kao ljudi samo glave kao u pacova. Ali zašto se sva ta zgusnuta vojska odjednom okreće i juri za mnom? Šta im je, što me jure? Hoću da izdahnem trčeći, bežeći. Osećam za sobom bat hiljada nogu i stižu me nasred glavne ulice, pred trgovinom belih štapova što se vide poređani u prozoru. Zar sam ja ukrao iz gomile štapova jedan pa pobegao? Gde mi je ukradeni štap? Branim se, ali me svi tuku sa stotinama štapova i bežim sve pored staklenih izloga širokom ulicom što vodi za zemunsko pristanište, pa uskačem u lađu koja se kreće. Strahovito me stežu nečije ruke sa groznim noktima i bacaju me usred zejtinjave mašinerije među kojima se muvaju ljudi crni kao đavoli. Velike zejtinjave poluge ispružaju se i skupljaju ravnomerno kao da žvaću i hoće da me progutaju a njihova lupa zaglušuje me, dok me neko dohvata i uz strašnu ciku i podsmeh vezuje za veliki hidraulični točak koji se okreće, klopara, davi se u vodi vukući i mene da me svaki čas izbaci pa ponovo zagnjuri. Gušim se i bljujem, ponovo gutam vodu u koju me svaki čas vukući baca točak koji se zavitlava, grcam, vičem, ispljuvavam puna usta, samrtnički udišem vazduh, koji mi nedostaje. Sad se opet pojavljujem iz vode i sve se s mene cedi, dok preda mnom uspravljen na sumarenu nemački oficir, sa lulom u ustima, cereći se snima lađu. Pored njega cev mitraljeza upravljena ovamo, a nišandžija sa očima kao u pacova strelja pravo u mene...

Pa strahovito drmusanje ponovo i uplašeni, dobri Joza uvija mi vrelo čelo mokrim, hladnim ubrusom.

## Preko Drima

— Jozo, ako boga znaš, šta to bi noćas sa mnom? — rekoh ustajući i osećajući strašnu malaksalost i glavobolju.

— Ne znam, gospodin-kapetane, ali ste me mnogo uplašili.

I dok me je Arnautin sažaljivo posmatrao, on dodade:

— Sigurno jaka groznica.

Zatim popismo čaj, pritegosmo obuću, potovarismo stvari pa se kretosmo ka Drimu. Nedaleko od obale, na jednom sedlastom ćuviku naiđosmo na šatore onog voda što osigurava prelaz i „most" o čijoj sam solidnosti već slušao od kapetana Božičkovića.

Ali to nije bio vod onoga vojnika koji nas je sinoć kod vodenice onako prijatno obradovao. Njega je noćas smenila jedna četa dvanaestog puka kojom je komandovao jedan major, primljen skoro iz crnogorske vojske.

On se nalazio pred svojim već osušenim venjakom iz koga je izašao kad je primetio da se približujem. Upoznasmo se, pa mi on pokaza famozni „most" na Drimu. Bio je izrađen u vidu lestvica od nekoliko nastavljenih, paralelnih balvana, uzak koliko čovek može da prođe, gazeći po prepričnim daščicama ukovanim za balvane.

— To je sve? — upitah iznenađen.

— Ništa više — odgovori major.

Ja bacih pogled na oblačno nebo.

— A ako pođe ozgo, a s one strane gladna i recimo nesigurna vojska?

On sleže ramenima:

— Sa sto četrdeset i četiri eksera ne pravi se most na Drimu.

— Šta hoćete da kažete?

— Hoću da kažem da su potporučniku Vjekoslavu Adamiću iz tridesetog puka dali sto četrdeset i četiri eksera i naredili mu da kako zna napravi most preko Drima.

— E to je zločin. A gde su pionirske trupe?

— One se vežbaju negde u unutrašnjosti. Ja sam — produži major — sa svojim vojnicima sinoć otpočeo da pobijam motke onde gde je gazno, ako šta vredi.

Na nekoliko metara ispod mosta, zaista, videle su se retko pobodene pritke o kojima mi je govorio major.

— Lepo — rekoh. — Zašto ne pobodete češće? Kad ste već tu učinite sve što možete jer će, inače, na vas pasti i odgovornost i greh u slučaju nesreće.

— Razume se da ću učiniti sve što mogu — odgovori major pružajući mi ruku, pa se ja spustih na peskovitu obalu po kojoj je neverovatno mučno bilo koračati. Na samoj obali brze reke sedeo je jedan vojnik, skidao obuću i spremao se da prevede natovarenu mazgu preko vode.

Na moje pitanje odgovori mi da nosi hleb za štab puka.

Utom stigoše Joza i Izedin s našom mazgom. Ja objasnih Arnautinu kuda i kako ima da prođe, pa s podnarednikom pređoh „most" ispod koga je velikom brzinom promicala reka. Kako se „most" završavao onde gde prestaje dubina to ostali deo reke pregazismo birajući kamenje da bi se što manje ukvasili.

Tek što smo mi pregazili na drugu stranu a onaj vojnik što sprovodi hleb za pukovski štab natera mazgu na vodu prema pobodenim pritkama. Životinja, opterećena džakovima s jedne i s druge strane, pođe, pa je sa uzdignutom glavom gazila sve dok je trajao pličak, ali osećajući dubinu odjednom zastade pa se uplašeno okrete i požuri da što pre iziđe iz vode. Vojnik, sa dugačkim prutom koji beše naročito pripremio, jako ošinu mazgu po sapima i to je smesta nagna da se ponovo vrati ne zaustavljajući se. Ali kako se ona ne držaše pritki, koje obeležavahu najpliće gazno mesto, već zađe niže ispod njih to se namah zanese jer je dubina povuče, pa se potopi više bokova, zatim sve više i više, dok joj ne ostade samo glava nad vodom. Potom jednom velikom brzinom voda odnese onu glavu do mosta, tu se momentalno izgubi pod njim, pa se ponovo pojavi i matica nastavi da je vuče visoko uzdignutu, sa raširenim nozdrvama i jako ispalim očima, sve dok se, najzad, ne izgubi ispred naših očiju tamo gde reka ponovo ulazi u tesnac od koga se klisura, prekinuta na kratkom prostoru kod prelaza, dalje nastavlja.

Mi se onda okretosmo da vidimo šta je sa vojnikom, ali se poplašismo za njega kad ugledasmo kako se zaprepašćen i u najvećem očajanju gruva u prsa nasred mosta koji se jako ugibao i sa koga se mogao stropoštati. Podnarednik pojuri k njemu, pa pošto je stigao odgura ga na obalu i stade umirivati. Međutim, u tom istom trenutku, Izedin ne oklevajući beše naišao na vodu sa našom mazgom, koja jako uznemirena iznenada skrete, isto onako kao prva, ispod pobodenih pritki. Poduhvaćena brzinom i ona se naglo zanese, okrete u kovitlac, pa potonu sva do glave koju voda brzo ponese ka mostu. A sve to dogodilo se tako ludo brzo, tako neočekivano da sam ja, kad mi je projurilo kroz glavu da se u onom sanduku pod vodom nalaze svi moji rukopisi, sav ogroman napor koji se nikad ne bi mogao naknaditi, odlučio, i to u sekundi, da u toj istoj vodi, ako ne uspem da spasem jedan znatan deo svoga života i sebe, nađem i sâm svoju smrt.

Zapanjen, obamro, samrtnički ukočen, ja sam ono nekoliko užasnih sekundi, dok nisam ugledao da se životinja zaustavila za most za koji se sanduk srećom bio zakačio i zadržao je, osećao kao da i mene vuče i nosi voda, kao da me nestaje i poznao strašan bol i neopisano očajanje čoveka koji mora da umre onda kad mu se i suviše živi.

Na moju najveću sreću podnarednik se nalazio kod mosta u momentu kad se jadna životinja tu slučajno zadržala. I sa neopisanim naporom on je uspeo da je, pomoću vojnika čiju mazgu beše odneo Drim, izvuče na obalu i spase zajedno sa mojim stvarima. Ja sam tada grozničavo otključao sanduk pa sam zgrabio svoje rukopise od kojih se od tada nikad više razdvajao nisam.

Čitav sat za ovim odmarali smo se na obali, pa smo se, najzad, morali svući i mazgu prevesti vodeći je za ular i držeći je čvrsto pod grlom da se ne zanese. A celoga toga dana, na osobito zamornom putu do položaja, marševali smo, po vetru koji nas je nemilosrdno šibao, nemi i utučeni, u onom naročitom raspoloženju u kome se čovek nalazi pošto mu je pošlo za rukom da izbegne kakvu veliku nesreću koja ga je mogla glave stati.

## Na položaju

Pred sam mrak stigli smo u štab puka, koji se sa nekoliko svojih šatorčića i zajedno sa štabom odseka, nalazio u zgodnoj zavetrini ispod krastavog brda, sa njegove zapadne strane. Čim sam stupio u logor pogodio sam, otprilike, gde mora biti komandantov šator pa sam se tamo i uputio; a kad sam se približio ugledah, pored šatora, trojicu viših oficira u živom i poverljivom razgovoru. Ja pustih batinu na travu pa priđoh najstarijem od njih i kazah mu da sam došao za raspored. On mi pokaza drugog oficira, u vojničkom šinjelu, obraslog u strašno neurednoj bradi i kosi i vrlo zapuštenog, pa reče:

— To je vaš komandant.

Ja ponovih i ovome da sam došao za raspored a on me uputi ađutantu da tamo pričekam dok se on vrati sa osmatračnice.

Oficir kome sam se prvo obratio beše komandant odseka, pukovnik Katanić, „car Katanić" kako ga nazivaju Arnauti sa kojima se on od turskog rata neprestano nosi, jedan visok, markantan vojnik, orlovskog držanja, kao stvoren da vlada u onim krševima.

Ja odoh do ađutanta, jednog punog, rumenog, zdravog „kao tresak", sa izrazom blaženstva na licu, kapetana sa Belim orlom, koji je zubima krcao lešnike i uzgred gadno psovao vojnike oko sebe iako se videlo da se pri tom ni najmanje ne uznemirava i ne ljuti, da je vrlo dobar čovek i koji me primi vanredno ljubazno.

— Vrlo mi je milo što ste došli — reče kapetan. — Vi ste novinar a ja želim naročito da sa obrazovanim čovekom tretiram razna pitanja. (Docnije sam se uverio da je ova reč, „tretiram", omiljena reč ađutantova.) Vi ćete dobiti četvrtu četu drugog bataljona, jer je njen komandir premešten za Beograd, a to je najbolja četa u puku.

I on me izvede na kamenjak više logora pa mi pokaza raspored bataljona, ukoliko je to moguće bilo osmatrati pri sumraku.

Ađutant je, izgleda, bio vrlo interesantan čovek i jedan od onih naših valjanih oficira iz trupe koji su mnogo dali za vreme prošlih ratova. Vrlo upotrebljiv za administrativne poslove on je prosto bio neophodan na svome ađutantskom položaju i docnije sam se uverio da se komandant, koji mu je neograničeno verovao, potpuno i u svemu na njega oslanjao. Mana mu je bila jedino ta: što je hteo da se razumeva u svima stvarima, što se u svašta mešao i što se pravio važan i originalan.

Tako je, na primer, usred razgovora koji smo bili poveli o pobuni i situaciji, odjednom zastao, presekao mi reč i zagledao se u dva petla, od kojih je jedan bio njegova svojina, a koji se tu pred nama iznenadno zaleteše jedan na drugog i započeše onu svojstvenu njima, petlovsku borbu.

— Oprostite — prekide me on — ovo me najviše na svetu interesuje. Posle ćemo nastaviti započeti razgovor a sad samo gledajte onog mog belog petla; verujte, smotaće protivnika kao ništa. Kažem vam, to je moje najslađe uživanje.

I za sve vreme ove krvave petlovske borbe ćutao je skrštenih ruku na prsima, u napoleonovskoj pozi, klimao odobravajući glavom svome ljubimcu, naginjao se razno prema momentima borbe i smešio se tako blaženo, tako predano da mi je apsolutno nemoguće bilo da se uzdržim i da ne prsnem u smej iako mi je najmanje toga večera bilo do smeja.

— Tretirao sam sa kapetanom Petrušićem, dok nije posmatrao njihovu borbu, i on je, zamislite, tvrdio da je onaj drugi petao jači od moga, ali se opasno prevario.

— Dešava se to — rekoh uzdržavajući smeh i pretvarajući se da mi je suviše smešna ova borba petlova koju smo posmatrali.

Utom se vratiše i komandanti s posmatračice pa svi posedasmo oko velike vatre, posle čega otpočesmo vrlo intiman, drugarski razgovor koji je trajao duboko u noć i kao da smo svi bili davnašnji poznanici. Ja sam im pričao o svima važnijim novostima u Beogradu, a oni meni o pobuni i patnjama što su ih izdržali za to vreme, pa su potom činili upoređenje između starih vojnika, solunaca, pored kojih čovek bez brige može mirno da spava i regruta, koji se posle nekoliko pušaka razbegnu kao vrapci i koje s mukom starešina može držati „u ruci". Uveravali su me da oni lično, kad noću pripuca, dohvataju puške i tako očekuju Arnaute kao prosti stražari.

Oko devet sati kuvar donese veliki lonac s večerom koga ostavi pozadi nas, pa se vrati da donese posuđe. Ali u povratku potkači nogom lonac i sva se večera prosu na zemlju. Gladni kao kurjaci svi oficiri osuše da grde kuvara, pa kad videše da ne pomaže nastavismo razgovor, istina sa manje živosti, jedući crn i tvrd kao kamen hleb začinjući ga pečenim kukuruzom koji smo krunili.

Ađutant pozva kuvara pa mu naredi da sutra dvaput odnese u porciji vodu straži na krastavom brdu, kazna koja je često primenjivana nad vojnicima koji su grešili i koja je bila vrlo teška jer je brdo bilo strmo kao zid. Tom prilikom obrati mu pažnju da će tek sutra s njim opširno „tretirati" ovo pitanje.

Te noći spavao sam u malom šatoru uvek dobro raspoloženog kapetana Petrušića, komandira mitraljeskog odeljenja, dobrovoljca, koji je kao ruski zarobljenik stupio u našu vojsku koju voli iako se u njoj zlopati po arbanskim klancima gde je uostalom, naučio vrlo lako da se kreće; mada nekad, dok je bio u austrijskoj vojsci, po svom sopstvenom priznanju, a naročito kad se nalazio na dvorskoj službi, nijednog trenutka nije mogao bez monokla, bez koga se spoticao čak po finom i glatkom bečkom parket-patosu.

Još te iste noći u njegovom gostoljubivom šatoru snabdeo sam se masom sitnih životinjica, koje ubrajaju u najintimnije i neizbežno društvo ratnika i njihovih skromnih posteljnih stvari.

———

Rano sutradan očekivao se u štabu dolazak dvanaestorice starešina fisova plemena mirditskog, koji su imali važan sastanak sa našim komandantom odseka, njihovim starim poznanikom. Pred „carevim" šatorom bila je spremljena velika vatra oko koje, u četvrt, behu nameštene velike klade za sedenje. Još sinoć bilo je izdato naređenje predstražama da ih propusti, a jedan oficir sprovede do komandanta.

Čuveni šef ovog katoličkog plemena Marko Đoni beše, još ranije, poslao izveštaj o svojoj bolesti, koja ga je sprečavala da lično dođe na sastanak, ali je zato obećao poslati svoje ljude koji će ga punovažno zastupati. Meni je bilo žao kad sam saznao da on neće lično doći, jer sam ga poznavao iz prvog prelaza kroz Arbaniju i poslednjeg velikog odstupanja, pa sam želeo, da ga posle toliko godina ponovo vidim.

Godine 1912, on je, pošto je progutao dosta veliki grumen zlata, propustio kroz svoju teritoriju naš prvi arbanski odred koji je po svaku cenu i što pre imao da izbije na more, pa se sećam kako je tom prilikom, kao uslov da mirno propusti odred, tražio od našeg komandanta samo jedno: da mu se ne prave smetnje kad on bude pošao da opljačka bogatu „varoš Tiran". Docnije, kad sam poznao bogatstvo Tirane, bila mi je razumljiva ova „jedina želja" Đonijeva, koja je, istina, ostala samo želja, jer smo mi, pošto smo već izbili na more, postali gospodari situacije.

Taj isti Marko Đoni opljačkao je u novembru 1915. kombinovani odred Beogradske odbrane, onaj zaštitnički odred kojim je komandovao pukovnik Tufegdžić, kome se često nepravedno zameralo što je, tom prilikom, opkoljen sa svih strana od Arnauta u Spačkoj klisuri, odlučio da sa njima vodi pregovore umesto da se bori. Bez municije, sa gladnim, polumrtvim vojnicima, sa kosturima koje je vodio, odsečen od Moravske divizije prvog poziva koja je pred njim maršovala i nije vodila računa o vezi već samo o tome da se sama izvuče, potpuno zaboravljen od Vrhovne komande koja je zavađena s vladom bežala bezobzirce, ovaj komandant kome se niko nije usudio da spori ličnu hrabrost, ništa drugo nije mogao uraditi nego šta je uradio. Plen Marka Đonija bio je tada ogroman: svi konji odredske artiljerije, svi oficirski konji i drugi, sem konja bojnih komora i mitraljeskih odeljenja, volovi municione kolone, oficirske stvari, sve to ostalo je u njegovim pljačkaškim rukama za deobu sa njegovim ljudima, koji su bili gusto poseli klisuru da ne propuste nikog živog ako bi se pokušao otpor. Tako su vojnici zahvaljujući uviđavnosti komandantovoj, na čiji su predlog da se vode pregovori pristali svi oficiri bez izuzetka, izneli, tom prilikom, svoje gole i ponižene kosture, opasane praznim fišeklijama i opterećene zarđalim puškama, da te kosti posle ostave na jadranskim obalama ili po poznatim ostrvima smrti na Krfu.

---

Mi mlađi sedeli smo pred ađutantovim šatorom i razgovarali kad se starešine fisova pojaviše iza kamenjaka i hitri kao divokoze, jedan za drugim, stadoše, skakućući s kamena na kamen, silaziti u logor. Napred je išao Zef Nocio, ponosit, prav, srednjega rasta, očiju „kao na zejtinu", u zelenom lovačkom odelu, sa arnautskim kečetom na glavi i martinkom o ramenu, pa kad spazi Aljuš-agu iz Bicana, o kome će docnije biti reči, veselo ga oslovi nazivajući ga starim vragom, na nemačkom, valjda zato da nama pokaže poznavanje jednog stranog jezika. Za njim je išao Prenk Mark, stariji čovek, plećat, velike pljosnate glave i dugih brkova, zatim Frok Leš, savršen arnautski tip koji se viđa na slikama, pa ostali sa martinkama o ramenu i u lakim arnautskim opancima.

Nocio i Prenk pozdraviše nas nespretno po naški, a ostali stavljajući ruku na grudi, pa svi strčaše, laki kao detlići, do Katanića koji im žuraše u susret. On se poljubi sa prvom dvojicom u oba obraza, po arnautski, rukova se sa ostalima, zadirkujući živo svakog ponaosob poznavajući im, valjda, neke smešne osobine izranije, pa ih ponudi da sednu nameštajući se i sam između Zefa Nocija i svoga tumača. Šala i zadirkivanje tek sad otpoče, pa komandant naredi da se donese kafa za sve, izvinjavajući se što ih tako na ledini dočekuje i nudeći ih redom svojim duvanom koji je hvalio.

Baš u tom trenutku i ja mu priđoh pa ga umolih: da mi dozvoli te da prisustvujem razgovoru koji će se voditi. On mi dopusti, ponudi da sednem do njega, a kad me Frok Leš pogleda s izvesnim nepoverenjem on mu reče da sam njegov sekretar i oficir koji radi na poverljivim stvarima. Ne obzirući se na to ja sam posmatrao Zefa Nocija koji me je najviše interesovao, jer je odskakao od sviju i morao imati osobito bistru glavu, a svakako, pored toga, bio jedan od onih retkih Arnauta koji su putovali, videli sveta i dolazili u dodir sa strancima. On je najviše govorio, jednim vrlo prijatnim glasom i na jedan razdragan način, smejao se, da se momentano uozbilji i da celim svojim držanjem ostavi utisak jedne otmenosti koja tako lepo priliči usred onih urvina i one divljine da mi njegova inteligentna glava nikad neće iščeznuti iz sećanja. Ostali su, prekrštenih nogu i sa puškama preko kolena, manje-više ćutali, smejali se kad to treba, i slušali njega tako: da se lako moglo opaziti kako on, u koga se gleda s najvećom pažnjom i poštovanjem, odskače od svih i znači najstarijeg i najpametnijeg među njima.

Vojnici ubrzo donesoše i po drugu kafu i pukovnik Katanić, kome to beše zgodna prilika, ispriča običaj o „sikter čorbi", hladnoj i gorkoj kafi sa kojom se tera dosadan gost iz kuće.

— Znam za taj vaš običaj — reče Zef Nocio. — A mi opet imamo sasvim drugi. Kad nam gost nije mio pa hoćemo da ga se oslobodimo, mi se pred njim posvađamo sa ženom i to baš zbog njega što ga, bajagi, nije umela kako treba da ugosti. Gost tada primećuje neraspoloženje domaćinovo i odmah „čisti čuvstva".

A zatim se „car" obraća kapetanu Prenku Marku, koji ima oko pedeset godina ali izgleda mnogo stariji.

— Mnogo si ostario.

— Mi ovde brzo starimo.

— Ne čini ništa — nastavlja Katanić — pronađen je lek za podmlađivanje — i onda mu objašnjava o čuvenom pronalasku doktora Voroncova.

— Hvala ti — odgovara Prenk Mark — ali taj lek o kome mi ti govoriš ja bih upotrebio samo pod jednim uslovom: da ga prvo uzme moja žena te da se ona podmladi. Ja mnogo volim svoju ženu te pristajem da se podmladim samo ako se i njoj vrati mladost, a samo moja mladost, bez njene, nije mi potrebna, jer mi druga žena ne treba.

— Ne slažem se — prekide ga odlučno Zef Nocio.

Arnauti prsnuše u smej, a kad nama tumač prevede Nocijeve reči i mi se zasmejasmo, pa se naknadno, s nama zajedno, nasmejaše i Arnauti.

— A sad bismo već mogli da otpočnemo — reče Katanić tumaču. — Zamoli gospodina Nocija da udalji one među svojim ljudima koji ne bi trebali da prisustvuju razgovoru.

Kad tumač ovu grubu netaktičnost komandantovu prevede na arnautski, Nociju očevidno beše neprijatno, utoliko pre što ovu „carsku" nespretnost osetiše svi prisutni i zgledaše se.

— Gospodin pukovnik će nam ljubazno dopustiti da se još neko vreme prošalimo. Zašto da žurimo? — reče Nocio, da bi zagladio brutalnu pogrešku Katanićevu.

I tada sam se uverio o tome: kako ponekad ima otmenosti i usred onih nesretnih krševa. Obazrivo i neprimetno, u toku razgovora koji je živo nastavljen, Nocio je po raznim poslovima slao jednog po jednog od svojih ljudi koji nisu trebali da ostanu za vreme poverljivog razgovora, i kad ih je tako vešto i bez uvrede udaljio on se okrene tumaču:

— Recite gospodinu pukovniku da sad možemo da otpočnemo.

Ali priznajem, to bi baš značilo zloupotrebiti ljubaznost pukovnika Katanića, koji mi je dopustio da prisustvujem poverljivom razgovoru, a to je lako mogao da ne čini, kad bih sad, taj, inače vrlo interesantan i važan dogovor, neobazrivo otkrio i obelodanio. To ni u kom slučaju neću da učinim. Međutim, reći ću samo toliko, da je „car" Katanić upotrebio svu svoju rečitost da drugu stranu ubedi u to: kako je interes mladog arnautskog naroda da održava najprijateljskije odnose sa Jugoslavijom, koja mu je iskren prijatelj.

— Mi smo svesni toga — prekinuo ga je Nocio — kao što smo uvereni da se Italija s računom meša u naše unutrašnje stvari, pretvarajući se kako se brine o našoj sudbini i kako joj na srcu leži naš narod. Mi znamo vrlo dobro da ona plaća tiransku vladu, ali deset hiljada Miridita znaće da urazume tu vladu koja ne zna šta radi.

— Tiranska vlada — nastavio je Katanić — nije patriotska vlada kad, umesto da gaji i pomaže dobre odnose s nama, buni plemena i gura ih protiv nas.

Zahvalan je na održanoj besi plemenu miriditskom, koje ne samo da nije učestvovalo u pubuni već nije ni dopustilo da se pobunjenici koji su odstupali zadrže na njihovoj teritoriji. Moli da se ta zahvalnost na lojalnosti odnese i Marku Đoniju, kome želi što skorije ozdravljenje, a celom plemenu priznanje na blagorodnosti sa kojom je prihvatilo da ishrani zbegove koji nisu krivi za patnje kojima su izloženi. Preduzeće korake kod vlade da se zbegovima dopusti povratak kućama. Ali je potrebno još da Lurija, Selita i Arnja vežu besu sa Ljumom prema tiranskoj vladi koja ih, neprestano i na njihovu najveću štetu, upućuje i nagovara protiv nas. Pa kako su Lurija i Selita u zavadi to ih moli da zajedno sa Aljuš-agom nastanu da se ova dva ljuta protivnika, ako je moguće, izmire.

— Ne brinite, to ćemo svršiti — reče Mark Prenk.

— To je svršeno — odgovori Aljuš-aga. — Besa je uhvaćena!

Aljuš-aga iz Bicana, koji je sedeo do Nocija, gledao u zemlju i neprestano pušio na tanak i vrlo dugačak čibuk, vođa je Ljume, njen vojvoda i političar.

To je Pašić Ljume, čijim mnogim osobinama i raspolaže, starac svojih šezdesetih godina, i u isto vreme neverovatno sličan tip i mentalitet nekih od naših vojvoda iz ustanka. On je omanjeg rasta, pogrbljen, zboranih obraza, sa oklopljenim povećim ušima, pronicljivim zrikavim očima, spuštenim kapcima koje retko podiže, u plitkim cipelama i građanskom zimskom kaputu; pripitomljena zver koja izgleda miroljubiva, a koja je u stvari strašna.

Iako je nosio Belog orla na grudima, kojim ga je odlikovala naša vlada za vojničke zasluge, pa mu dala, pored toga, i čin počasnog potpukovnika naše vojske na šta on vrlo mnogo polaže jer zahteva da se tako uvek oslovljava, rekao bi čovek da je to kakav mirni dućandžija kome ono i nije o ramenu martinka, sa kojom je pošao da ubija ljude, već kapislara koju je poneo da tamani ptice štetočine u kakvoj svojoj bašti van varoši.

Najzad, kad razgovori behu završeni i nov sastanak zakazan, na kome će oni doneti izveštaje o rezultatima na velikom zboru Miridita, svi se podigoše, pa nasta stiskavanje ruku i nova šala sa zadirkivanjem.

Samo Mark Prenk odvede Katanića u stranu:

— Komandiru! — reče on. — U ime svih imam jednu molbu da ti uputim.

— Da čujem — nagnu se pukovnik.

— Noćas prenoćismo ovde u jednoj kući, jedinoj u celom selu što nije izgorela. Tvoji oficiri poštedeli su je da bi imali gde stanovati i noćas su nam je ustupili. Onaj čija je kuća prebegao je na našu stranu sa celom porodicom. Mi te molimo: naredi da se ta kuća ne pali. Mi smo u njoj prenoćili, pa iz blagodarnosti...

Pukovnik mu obeća, potom se pozdravi sa svima redom, a oni opet sve jedan za drugim kao što su i došli odskakutaše, kao detlići, pa malo posle iščezoše iza kamenjaka.

— Potpukovnik Aljuš-aga! — uzviknu Katanić. — Ti ostaješ?

— Ostajem; ovo je molba što sam ti spremio — pa pruži jednu hartiju pukovniku.

Ta molba bila je upućena ministru unutrašnjih dela Srba, Hrvata, Slovenaca i Muhamedanaca, sa potpisom: *potpukovnik Aljuš-aga iz Bicana*, a odnosila se na povratak zbegova s ove strane Drima na stara ognjišta sa kojih su oterani zbog pobune.

Ja priđoh jednom od viših oficira, pa rekoh:

— Ne umem da vam kažem koliko mi se svi ovi ljudi svideše.

A on malo poćuta pa mi odgovori:

— Ala ste naivni. Bolje recite zajedno sa mnom: jadna kaso Ministarstva spoljnih poslova!

———

Toga sam dana primio svoju četu. Oficiri, mokri, krastavi i pocepani, dočekaše me ljubazno, a moj stari drug, komandant bataljona major Savić, dade mi obaveštenja kako o vodnicima tako i o vojnicima. Komandir, simpatični kapetan Dufek, koji je bio vrlo radostan što odlazi u Beograd i koji mi je predao četu pozdravi se s njom, zahvalivši vojnicima na držanju u borbama, disciplini i poslušnosti. Primajući četu ja rekoh vojnicima, postrojenim u karu, samo ovo nekoliko reči:

— Kad sam sveo ono što sam u životu do sad uradio bilo je skoro sve bedno sem onih momenata kad sam istinski bio čovek, kad sam bio muškarac. Treba uvek, usred najveće opasnosti, da pomislite da ona mora proći. Kad prođe, onda, ako ste bili kukavice dok je ona trajala, žalićete celog veka, stidećete se dok ste živi; ako ste opasnost junački izdržali, stekli ste poštovanje prema sebi, a taj ponos i svest o tome najveće je unutrašnje zadovoljstvo, najveća sreća ako hoćete. Poginete li u toj opasnosti, šta mari? Bog voli samo junake. Sad pazite i poslušajte me.

— Staraćemo se — grmnuše vojnici.

I ostavljajući ih ja se tu odjednom osetih vrlo prijatno, jer bejah postao vlast i sila i jer sam raspolagao sa jednom snagom pored koje nisam imao čega da se plašim, kao kad sam bio samo s Jozom i Izedinom. To veče, posle razgovora sa oficirima, dugo sam sedeo pored vatre kraj šatora, sa svojim novim ordonansom Simom, jednim stidljivim regrutom iz vranjskog okruga, koji mi je ispričao o svemu što se dogodilo poslednjih dana.

— Pa izdrža sve? — pitam ga ja.

— Izdrža. Ama najgore be sneg na Ak-Bunaru: „Sa jelovinu će se greješ", pričaše otac, i eve se grejem. I on ovud' prođe kad otidoste na Krf, pa veli: „Od jednu jelu ambar mož' da se napravi, i od nju topovi ne mogoše da prođu, a s jedan koren (klip kukuruza) deset duša se hranismo". A sad ja njemu da pričam, ako živ budem, kako izgoresmo bez vodu i kako groznica ne zatre.

I zaista, svi vojnici iz čete behu modri i krastavi od groznice.

Kad drva ponestaše ja se uvukoh u šator pa ubrzo zaspah i zadugo sam spavao tvrdo, kad najedanput kroz san čuh pucnjavu pušaka.

Ja brzo proturih glavu kroz šator.

— Alo, šef stanice, alo. Jeste li primili poverljivi...

Pa me spopade neka drhtavica i cvokotanje, koje od zime jer sam se otkrio, koje od straha. Pribrah se brzo, ali ovo uzbuđenje koje me je obuzelo može da razume samo onaj koji se, pošto je odvikao od predstraža i opasnosti i navikao da bezbrižno spava, ponovo nađe u staroj koži hajdučke opreznosti na mrtvoj straži.

Sima dojuri i stade otkopčavati šator, ali kako puške umukoše, ja mu naredih da ide i produži spavanje, pa da kaže i ostalima da se ne uznemiruju.

I toga dana, posle posvršavanih poslova, dugo sam razmišljao o tom čudnom strahu od smrti. Nisam li pri polasku iz Beograda i svestan da idem u opasnosti bio sebe ubedio kako je baš zgodan trenutak da najzad dođe taj kraj koji se toliko puta izvrdao? I šta je ta smrt, naposletku? Zašto je ona strašna? I zašto nikad neće biti moguće da se to osećanje straha od smrti izbaci jednom iz ljudske duše? Šekspir je dobro kazao: „Ljudi se plaše smrti kao što se deca užasavaju u mraku". I šta je taj mrak? Možda ništa, a ako si uobrazio da si pravedan šta te se tiče šta je!... Ili treba tražiti uzrok tome strahu u zamišljanju za života onoga stanja u kome će se telo nalaziti posle smrti. U ratu na svakom koraku čovek gleda odvratan leš mrtvoga druga. I pomisao da može i sam takav izgledati užasava ga. Sa svojim sadašnjim stanjem i sa svima svojim osećanjima života čovek se ponekad prenosi u situaciju u kojoj će se, posle smrti, nalaziti njegovo telo. Sa plućima koja normalno funkcionišu i očima koje jasno gledaju, sa svojom silnom voljom za životom, sa svojim željama i strastima čovek se, ponekad, zamišlja nepomičan, u užasno uskom prostoru bez vazduha, u poznatom stanju raspadanja praćenom teškim neprijatnim zadahom, u položaju večno istom. I tako on za života trpi jedno mučno osećanje zbog toga što će se docnije njegovo telo nalaziti u onom odvratnom stanju, u kome će, uostalom, ono biti apsolutno neosetljivo. On grca i davi se, njega guši ona pomisao o položaju večno istom. I time se, možda, objašnjava njegovo stalno i ludo bežanje od sebe samog, njegova neprekidna groznjičava uposlenost, fakat da on odmor nikad ne može da ostvari. Paskal je rekao: *L'homme tend au repos par l'agitation*, a Fage ga je sjajno dopunio: *et il n'atteint jamais que l'agitation*. I to je istina: u sve većoj zaposlenosti čovek dobija sve življu želju za odmorom, ali do ovoga nikad ne dolazi baš zbog straha od onog položaja večno istog.

A posle toga, ima velike razlike između straha što se mora umreti i onoga da se smesta može poginuti. U ovom drugom slučaju umire današnji čovek, onaj kakav je toga momenta, već sutra on će biti drugi, ma u čemu, jer se menja i neće biti onaj isti, a on se najviše boji za sebe onakvog kakav je tog trenutka kad se boji. Što se tiče zdravog čoveka, koji nije u neposrednoj opasnosti da pogine, ne boji se smrti iako ona neminovno mora nastupiti, niti na nju misli, jer računa da će ga ona snaći u dubokoj starosti, onda kad će on biti sasvim drugi i kao spoljašnjost i kao duh.

Nastupala je noć i uvijala u crno ionako tamne gorostasne masive, po kojima se mestimično javljahu crvene vatre kao zvezde prosute po zemlji kad sam se krenuo u četu. Na jednoj maloj uzvišici, nedaleko od mesta gde sam sedeo, beli se nekoliko kamenih oznaka groblja.

A na tankoj, osušenoj grani nad pločom ljulja se i gače matori gavran koji se zainatio da ostane kad je jato koje sam poplašio odletelo: kao da je čovek izišao iz groba, pretvorio se u gavrana i sa suvog drveta posmatra svoju kuću. Ja gledam u ovu kobnu pticu što se nija nad pločom i u jezivom miru što oko mene vlada zatvaram oči, kao da je to trenutak kad mogu saznati veliku tajnu.

―――

Jedno poslepodne sedim tako kraj vatre i čitam Strindbergove *Ispovesti* da mi prođe vreme, kad naiđoše nekoliko „naših" naoružanih Arnauta. Oni imaju običaj da se po ceo dan vrzmaju po položaju, idu nekuda i vraćaju se, teraju zaplenjenu stoku i dovikuju se. Kad ugledah među njima i tumača, ja ih pozvah da priđu.

— Žurite li?

— Pa i ne žurimo.

— Onda sedite malo da porazgovaramo i na po jednu kafu.

I tako razvezasmo od Kulina bana.

— Pa lepo molićú, koliko ima ovde tih vaših, odnosno naših bataljona? — upitah Arnaute preko tumača.

— Na ovom odseku pet, a, valjda, isto toliko i na debarskom.

— Otkad oni dejstvuju?

— Od 1918. godine.

— Oni su formirani radi odbrane od kačaka, šta li?

— Jeste.

— Sa naše samo teritorije ili i sa sporne zone?

— Samo sa naše, i to: Bicane prvi bataljon, Ujmište drugi, Žur treći, Bušterica i Ljusna četvrti, Kukus peti. Komandant četvrtog bataljona — produži tumač — Bajram Rahman Đona iz Bušterica slep je i star sto šesnaest godina, ali je najbolji od svih i najverniji komandant petog bataljona Bajram Ramadan. U četvrtom bataljonu može se računati samo na Selmana Kambera iz Vile sa dvadeset njegovih ljudi, inače je nesiguran. On je i „smrsio konce" onom našem bataljonu iz četrdeset četvrtog puka što se nalazio na vasjatskoj kosi, zapadno od Vasjata, kad je teško ranjen i zarobljen komandant bataljona i poginuo potporučnik Hiršfeld. Bataljon je tada bio opkoljen sa svih strana, pa i s leđa iz sela Čajla, odakle je čuveni zlikovac hodža Mula Ćamil.

Jedan od oficira što su došli u toku razgovora umeša se:

— Na vasjatskoj kosi komandant toga bataljona držao se kukavički; zbunio se i nije dao nikakav otpor.

— A šta je i mogao raditi sa sto dvadeset pušaka? Lako je reći: držao se kukavički, ali treba znati — branio je drugi — da ima naših posada od 70-80 ljudi na mestima gde Arnauti mogu da podignu i skupe do tri hiljade boraca, gde se živi na nesigurnoj, lažljivoj besi i poniženju. Šta tu možete? A bataljon šesnaestog puka što se nalazio u Ljusni nije imao osamdeset pušaka. Ima tu vazdan drugih stvari koje treba poznavati, ali ne treba nikad zaboraviti da su posade bile slabe.

— Ostavite to, nego recite mi — obratih se Arnautima — kako stoji s platom?

— Mi redovi imamo 80 dinara mesečno, desetari 90, vodnici 130, komandiri 230, komandanti bataljona 330, a pored toga svi dobijamo so i hleb svaki dan, opanke mesečno, komandanti zob i seno za konje, a svi bez razlike slobodan prevoz namirnica preko granice.

— To poslednje i protiv naredbe ministra finansija i carinskih vlasti — upade neko.

— Ima li u tih pet bataljona hiljadu ljudi?

— Oko sedam stotina.

— Dakle, otprilike, mesečno 66.000 dinara pet bataljona?

— Toliko.

— Pa jeftino nas koštaju.

— I lepo nam se odužuju — reče jedan od oficira. — Nekom Ćamilu Osmanu komandiru prve čete petog bataljona isplatio je rezervni poručnik Draškić, kao blagajnik arnautskih bataljona, 13.494 dinara plate za četu, a on to dao na karte u Prizrenu pa prebegao preko Drima. Eno ga sad kod Sali-age u Petki. A kad smo nastupali onda su iz Buz Male (to je jezik Ak-Bunara, kota 2512) gađali drugu četu drugog bataljona, pa kad smo hteli

Malu da upalimo dolazi naređenje: „Pukovnik Katanić naredio da se Buz Mala ne pali! Potpukovnik Aljuš-aga." Ja čuvam to naređenje.

Kad ču da se spomenu ime Aljuš-age jedan Arnautin se nakašlja pa se šeretski nasmeja.

— Što se smeješ?

— To je stari lisac — reče on. — Taj nam prodaje municiju i hleb, a on to besplatno dobija od države.

— Kažu da njegov mlađi sin, Gafur Aljuš, kome je devet godina, prima platu žandarmerijskog potporučnika.

— Ko će pohvatati njihove račune — reče jedan oficir koji je od oslobođenja neprekidno u ovom kraju i najbolje poznaje prilike. — Kad je Elez Jusuf iz Dode došao iz Tirane po nalogu Bajram Cure, ministra vojnog u tiranskoj vladi, da sprema skorašnju pobunu, on se sastao sa Osmanom Litom iz Vasjata i Rašidom Dacom iz Kalisa, a taj Osman Lita i Jusuf Elez, naši najgori krvnici, najbolji su prijatelji načelnika sreza ljumskog. Ima tu puno interesantnih stvari: februara ove godine prelazio je jedan talijanski poverenik ovamo i poneo osam stotina napoleona da pridobije ovdašnje prvake. Ja znam i kod koga je odseo. Odseo je kod Mehmeda hodže iz Štićana koji je pozvao naše komandante arnautskih bataljona da ih privole da se okrenu od nas i pređu na talijansku stranu. Komandanti dođu, izjave da pristaju i podele novac, pa Aljuš-agin stariji sin Redžep stane uticati na oca da se i on odluči. Ali treba poznavati starog lisca, pravo je kazao ovaj prijatelj. Pošto je razmislio, Aljuš-aga odgovori sinu: mi već imamo jednu dobru kravu muzaru, muzimo je, ona nam je dovoljna, a docnije prema prilikama upravljaćemo se. I zato što nije pristao sin je pucao na oca i ranio ga u butinu. Tom prilikom ranio je i Redžepa Amzu, komandanta drugog bataljona, koji nije primio novac te je bio na strani Aljuš-aginoj, i tako nastane nesloga i cela se stvar pokvari.

Ja rekoh tumaču da pita Arnaute da li im je poznata ova istorija, a oni svi, posle toga, potvrdiše glavom po arnautski.

— Vi biste morali — nastavi potporučnik — ostati ovde bar dve godine, kao što sam ja, pa biste tek onda mogli reći da nešto znate od ovih naših stvari. Pitajte Džema Aliju Mehmeda, predsednika opštine iz Ujmišta i

Malića Iljaza Đona, komandira prve čete drugog bataljona, i oni će vam reći: da je načelnik sreza ljumskog davao puške Miftaru Selmanu da naoružava poverenike, a ovaj puške prodao preko Drima, pa su nas s tim istim puškama posle ubijali. Ili se raspitajte o Nastošu, bakalinu iz Bicana, koji je prodao ogromnu municiju Arnautima, koji prodaje namirnice poslate mesnom odboru, kao i o vagonu i po soli i vagonu šećera koji je stigao 20. aprila i do Bicana koštao 7.30 dinara a prodavao se po 16-18 dinara. Raspitajte se s kim on ortakuje.

I svi potvrdiše da je to cela istina.

— U Bicanu su Arnauti više izuzeli municije negoli tri naša puka, i ta ista municija prašti sada po celom Kosovu, koje se odavde snabdeva. Vlasti su korumpirane i uzimaju u zaštitu naše najgore dušmane. Taj isti sreski načelnik čuva hodžu iz Čajle, našeg najvećeg zlotvora, daje mu objavu i ne predaje ga po traženju vojnih vlasti. I dok se ogromne sume bacaju na ovakve poverenike dotle vojnici nose jedan isti par veša preko dva meseca, idu bez šinjela po zimi, a štednja kinina, neophodnog kao hleb u ovim krajevima, neprestano se preporučuje. Ti poverenici, to je nešto najgore što je izmišljeno. Oni kidaju telefonske žice, ubijaju naše vojnike kad sami prolaze, često noseći hleb i za njih, pa šta biva? Naše vlasti izveštavaju te prvake i izjavljuju kako žale što se to dešava tražeći da se pronađu zločinci, pa na tome i ostane.

— Pa kako onda oni mogu misliti o ovoj državi, koja im ne sme ništa i kako mi o njoj možemo misliti? — nastavi oficir. — Jest', ovi poverenici, ovi komandanti i komandiri, to je naše najveće poniženje. Zato što su dobili neke činove gorde se, omalovažavaju naše oficire mlađeg čina i kad jednog takvog dripca sretnete na stazi s puškom o ramenu vi mu se morate skloniti s puta ako nećete da se ubijate, jer vam se on sigurno neće ukloniti.

Utom se pojavi komandant bataljona i mi prekidosmo razgovor. Arnauti se digoše pa odoše, a mi takođe pođosmo da posetimo komandira treće čete, majora Otokara Konrada, koji se od pre dva-tri dana beše razboleo.

Major Konrad beše mlad oficir, omalen, male lepe glave, plav, u austrijskom šinjelu. Kad smo mu se približili on ležaše potrbuške pored šatora i ječaše. Ovaj oficir koji je već bio premešten u Geografsko odeljenje sa službom u

Beogradu i kroz neki dan trebalo da otputuje, a kome sam posle tri dana na moju iskrenu žalost i uz grižu savesti komandovao na retko dirljivom pogrebu obavljenom daleko od porodice mu koja nije imala pojma o njegovoj smrti, ostavljao je toga trenutka na sve nas utisak simulanta. Tako grozno može čovek da se prevari ali i da se zarekne da nikad više u životu ne daje svoj sud o takvom čoveku koji tvrdi za sebe da je bolestan.

Ja mu ponudih cigaretu.

— Na ovom prokletom mestu ovako fina cigareta — promuca on. — To je zaista drugarski.

— Gde najviše osećate bolove?

— Sve me boli.

Mi mu savetovasmo da uđe u šator, da se dobro pokrije i pije čajeve, a on nas posluša, uđe povodeći se, leže pa produži bolno da ječi.

Kad smo se malo udaljili jedan od oficira više gorko nego ironično prošaputa:

— Moglo bi se poslati po doktora Simonovića.

Od nas do pukovskog lekara bilo je tada četiri dana dobroga marša.

Ja se vratih u četu, gde me dežurni izvesti da je redov Marko Šrbak iz Carevog dola, sreza daruvarskog, okruga bjelovarskog teško oboleo.

— Taj stalno jede zeleno voće — „objasni" moj vodnik, potporučnik Ivčević. — Sam je kriv.

Ja odoh da ga vidim. On je sav modar i sa krastama po usnama opruženo ležao poleđuške na šatorskom krilu, gledajući ukočenim staklastim pogledom u nas.

— Gotov je — reče jedan nesmotren vojnik.

— Ti si budala — odgovori drugi. — Kako to možeš da kažeš pred njim?

Marka Šrbaka sahranismo posle četrdeset osam sati, baš onog istog dana kad je i naš trupni lekar umro u Prizrenu od iste opake bolesti.

———

Do neko doba noći provodimo tako svako veče kraj vatre u razgovoru. Ta vatra ima neku naročitu draž na predstraži: kad se u blizini opasnosti priča o mirnodobskom životu, doživljajima, uspomenama i drugim raznovrsnim pikanterijama. Poređamo se oko vatre pa čas sedimo prekrštenih nogu, čas ispruženi i nalakćeni ležimo dok se dobro ne nažuljimo pa se onda obrnemo i gde su nam bile noge tu dođe glava a onaj drugi lakat ostane da muči muku po iverkama. Na tu promenu položaja nagoni nas, uostalom, dim koga vetar povija čas tamo čas ovamo. Kad pojuri na nas mi ispružimo ruke da se zaklonimo, blesavo zgrčimo lice kao da gledamo u sunce i grcajući okrećemo glavu u polje.

Najviše zadirkujemo kapetana Đuru Tadića, Crnogorca, komandira druge čete. On je najveći protivnik administracije i veli:

— Ja ti više volju predstražu, nego da idem po raznim đavoljim komesijama.

Jer kad god je u toj nesretnoj „komesiji" mora uvek da se posvađa sa ađutantom, koji svako pitanje mora nadugačko da „tretira".

— Jedanput mu rekâ, velju, šta si ti jadan čoče? Ti si jedan nikogović kad ti meni možeš reć' da ja nisam ni za četnog narednika. Ja, ako nisam pismen imam, velju, ćatu pa nek piše, a ti i ne znaš jadi te ubili, velju, da sam ja čuvâ stražu kod knjaža Nikole kao podnarednik i triput mu pasâ sablju.

Posle kapetana Đure pređemo na potporučnika Čedomira, koga svi osuđuju što ne može dnevno bez dve flaše konjaka.

— More, ostavite se ljudi čoveka — kaže naš simpatični mudrac u bataljonu, poručnik Bohunicki. — Često puta, zato što smo uvereni da su neki naši postupci koji su zaslužni gnušanja naša tajna, mi držimo da smo u pravu da se gnušamo tuđih postupaka, koji su manje odvratni ali javni.

Mi svi znamo na koga se odnosi ova aluzija, pa ostavljamo Čedomira na miru i otpočinjemo da „filozofiramo" o ratu i budućnosti čovečanstva.

— Kažite nam — pita me Ivčević — šta je sa tim Društvom naroda?

— Društvo naroda? — praska Bohunicki. — Kakvo Društvo naroda, koji to nisu mogli da postanu pre nego što su jedni drugima iščupali srca? Evropa je dopustila da postane kasarna pa sad hoće kroz kasarnu u bratstvo. Rata će uvek biti, jer će uvek biti ambicioznih, razdražljivih, naprasitih tj. onih sa patološkim osobinama, i takozvanih junaka. Šta je to junaštvo? To je čudno — nastavi on — izvesne patološke osobine koje bi da se u normalno vreme ispoljavaju bile jednodušno osuđene kao štetne po društvo, ili koje su se ispoljile i kao takve osuđene, u ratu su hvaljene kao uzvišene i kao vrline kojima treba podražavati.

— Znate li vi otkud ovde Bohunicki? — prekida ga smejući se Ivčević.

— Nemam pojma.

— Pa to je taj što je iz kraljeve garde dojezdio pravo na Ak-Bunar. Jedno veče razveselio se čovek u „Slobodi" u Beogradu, popeo se na sto pa uzviknuo pred punom kafanom: „Postoji samo kafana 'Sloboda' ali prave slobode u ovoj zemlji nema. Ja vidim samo natpis, ali ne vidim sadržaj. Živeo Lenjin!" A oni pravo u trideseti puk kao i vas.

— To mu ništa nije smetalo — reče komandant — da hrabro juriša na Ak-Bunaru.

— Ali, gospodine majore, imajte na umu: da mnogi u borbi herojski jurišaju ne zato što mrze neprijatelja ili što drugo, nego da bi izvršili samoubistvo — odgovori Bohunicki.

— Tako je — rekoh. — Mnogi što su u ratu junački izginuli nikad nisu poznali osećanje mržnje. Ovo ne mora važiti za Arnaute koji su nam toliko teških rana zadali da ih možemo ponekad i mrzeti, ali uopšte: u ratu se kolju oni koji se niti vole niti mrze, a po naređenju onih koji se među sobom uvek mrze i koje najčešće mrze oni koji se kolju.

— Oh, treba imati živce da se izdrže sve nepravde i gluposti — uzdahnu Bohunicki.

Komandant ode da legne preporučujući nam hladnokrvnost, a mi nastavismo.

— Vi se svi sećate — uzeh da potvrdim navode Bohunickoga — da smo 24. primili radi saopštenja divizijsko naređenje o tome: da su prizrenskom garnizonu stavljena na raspoloženje dva bolnička automobila za prenos ranjenika i bolesnika od Ljum-Kule. Ja vas uveravam da je za mene, otkako sam ovde, to bila najradosnija vest. Jer pri pomisli da se može razboleti, zar ne, čovek se teši kad zna da je uštedeo bar dan marša do bolnice. Kad pre neki dan traži se telefonom automobil za bolesnog Konrada; i šta? Odgovaraju da automobili nemaju ni guma ni benzina i da nijedanput do sada nisu mogli biti ni upotrebljeni.

— I da imaju i gume i benzin pa opet ništa — reče Ivčević. — Jer plašljivi šoferi čim iziđu iz Prizrena namerno onesposobe kola pa pošto izveste komandu da su neispravna vraćaju se i lumpuju u varoši.

— A posle toga i da stignete u Prizren nemate gde — ubaci narednik koji priđe da se greje. — Svojim sam očima gledao kad vojnicima mere vatru na ulici. Lekara nema, ima samo jedna francuska bolničarka šta li je.

— Gospodine kapetane, vi ne znate ništa o lekaru šesnaestog puka?

— Ne znam.

— To je interesantno. Jednoga dana izašla je od reči do reči ovakva dnevna zapovest u tome puku: „Pošto je pešadijski kapetan prve klase, gospodin Milan Popović, nekad učio medicinu to, u odsustvu lekara, da primi dužnost trupnog lekara dok novi ne bude postavljen".

— Ja sam kao dete hteo da učim bogosloviju, mene bi još mogli postaviti za pukovskog popa — reče Bohunicki.

Svi prsnusmo u smej pa ustadosmo, a kapetan Đuro doviknu iz šatora:

— Čuvajte, velju, zdravlje za novo groblje.

Kad sam se uvukao u šator ja se setih onih polumrtvih vojnika što sam ih toga dana ispratio za bolnicu pa im pozavideh. Iako jednom nogom u grobu, oni će se ipak, možda, izvući iz ovih urvina da, posle toga, ponovo osete makar malo, ma i za najkraće vreme, od one svetlosti i života za čim se bolno čezne iz ovog pakla, pa se podsetih Prizrena i on mi se činjaše sjajan kao Pariz...

———

Jedno jutro kad sam primio raport narednikov da se preko deset vojnika javilo za lekarsku pomoć, ozbiljno se zabrinuh da kroz kratko vreme ne ostanem sasvim bez ljudi.

Šetao sam snuždeno gore-dole i čas po zastajao i dizao glavu da posmatram aeroplan koji je zujao prelazeći preko nas i odlazio nad Selitu radi izviđanja, pošto su stalno stizali izveštaji, uostalom lažni, kako se u tom kraju koncentrišu

Arnauti u velikom broju, i da se tamo, u isto vreme, nabaca bombi. Sećao sam se šta mi je na putu za Skoplje pričao avijatičar S. pa sam, posmatrajući avion, zebao da ga zadesi kakav maler.

On se baš nalazio nad mojom glavom kad primetih da mi se približuje jedan artiljerijski oficir za koga se odmah po odelu, koje beše novo, i nosu, koji ne beše oljušten, moglo tvrditi da tek sad dolazi ovamo na muke kojima se ne nada.

Kad sam ga, posle upoznavanja, ponudio da sednemo on mi kaza da je došao da primi jedan brdski vod na položaju desno od nas od jednog rezervnog oficira kome je vežba istekla.

— A vi ste aktivni oficir?

— O, ne — odgovori on. — Ja sam činovnik Ministarstva za agrarnu reformu.

— Pa ste bili na redu za vežbu?

— Ne, sâm sam tražio đavola. Bio sam u glavnom povereništvu Ministarstva, pa kad sam video šta se sve tamo radi ili bolje kako se tamo ništa ne radi i stao da primećujem i kritikujem one odgovorne, potražiše me u vojnim spiskovima, pronađoše i ekspedovaše ovamo.

— To bi me osobito interesovalo kad biste hteli da me upoznate sa zadatkom toga glavnog povereništva. Otkad ono funkcioniše?

— Od proleća 1919. Njegov je zadatak — otpoče poručnik — da sva državna i bezvlasna zemljišta tj. napuštena zemljišta na novooslobođenoj teritoriji od 1912. naseli slovenskim elementom iz siromašnih pokrajina zemlje, iz Crne Gore, Dalmacije, Hercegovine kao i okupiranih krajeva Istre i onog dela Banata. Ovo se povereništvo sastoji iz glavnog poverenika, njegovog referenta, agrarno-tehničkog nadzornika sa pomoćnim osobljem koje broji oko petnaest lica.

— Pa u čemu to nije pravilan rad povereništva?

— Evo u čemu: povereništvo, pre svega, nije ispitalo gde i koliko ima zemljišta koje treba naseliti, već se u tome oslonilo na izveštaje pojedinih sreskih načelnika. Na osnovu takvih izveštaja, koji su se docnije pokazali kao netačni, povereništvo je pozvalo izvestan broj familija iz raznih krajeva zemlje. Sad, kad su te familije došle, utvrdilo se da toga zemljišta nema, a ako ga je i imalo nije bilo nijednog tehničkog radenika koji bi mogao odmeriti dodeljen kompleks zemlje, te je, usled toga, bilo slučajeva da su ove porodice više nedelja, a neke i meseci, čekale i ne dobivši ništa vratile se svojim kućama. Oni drugi, pak, kojima je zemljište dodeljeno nisu dobili ništa drugo, kao seme, plugove i ostalo što je neophodno, te i oni nisu mogli ostati, već su se takođe vratili svojim kućama. Takvih porodica, kojima je izdato rešenje o pravu na zemlju, bilo je oko sedam hiljada.

— Pa lepo, kako vi mislite da je tu trebalo postupati?

— Trebalo je da se obrazuju komisije od strane Ministarstva pa da one detaljno ispitaju prilike, da inženjeri zatim razmere zemljište, da se država prethodno pobrine za krov familija koje dolaze, pa tek onda da se one pozovu i smeste. Trebalo je, osim toga, ostaviti određen rok posle koga se molilac koji primi rešenje mora doseliti, jer mnogi od njih ne dolaze a drugi se ne određuju te zemljište ostaje pusto, neobrađeno, a to je ogromna šteta. Što se tiče napuštenih kuća Ministarstvo nije odobrilo da ih naseljenici zauzmu. Tako se te kuće rasturaju od odmetnika i kačaka, jer ih oni ruše, građu kradu i prodaju. Takvih kuća ima u ogromnom broju, i Ministarstvo je ovo trebalo da uradi utoliko pre što nema kredita za podizanje novih.

— Pa gde je glavni poverenik i zašto on ne upozna Ministarstvo sa svima tim stvarima?

— On je u izbornoj agitaciji; rešenja se fabriciraju, a Ministarstvo, valjda, misli da posao naseljavanja teče ne može bolje biti. Međutim, iako u Ministarstvu ima dosta stručnjaka, još niko nije došao na lice mesta da vidi šta se radi. I tako ovi naseljenici koji dobijaju besplatne karte železnicom i lađom vraćaju se natrag, i štete i državu i sebe, jer utroše i ono malo crkavice što sobom ponesu.

— Ali dopustite — rekoh prekidajući ga — ja sam slušao da postoje neke sreske komisije koje je povereništvo obrazovalo. To sam slušao u Skoplju.

— Te komisije postoje, ali one čine neverovatne zloupotrebe. Dešava se, na primer, da sreski činovnik, koji je sve i svja u toj komisiji, daje zemljište pojedinim porodicama koje su u mogućnosti da mu dadu što u gotovu i to najbolje zemljište tj. ono koje onaj što potplaćuje izabere. Tako se obično daje zemlja pored puta ili stanice, a zemljište u brdima ostaje i dalje neobrađeno i pusto te se na taj način ne postiže onaj glavni cilj. Bilo je slučajeva: da su neki imali po tri do četiri rešenja na osnovu kojih su imali prava na zemljište u više srezova, a to je samo zato što molioci nisu bili upućeni tehničkom odeljenju da se izvidi jesu li oni ranije već dobili zemljište, nego su rešenja davana na veru. Većina tih molioca su spekulanti koji su dobijeno zemljište izdavali pod zakup a nikad nisu ni imali ozbiljne namere da se tamo nasele.

— Zaista — rekoh — sve to što mi iznosite zgranjava me.

— To što čine policijske vlasti to je pravi skandal kao što je skandal da se ljudi pozivaju na golu zemlju bez ikakve pripreme. Vlasti su, kažem vam, neverovatno korumpirane i često idu naruku i prelaze preko fakta da su mnogi samovlasno zaposeli napuštene zemlje i kuće.

— Dakle, vi nalazite, prvo: da je potrebno da se utvrdi veličina svog napuštenog zemljišta; drugo: da se razmeri zemljište i treće: da se Ministarstvo tačno izvesti o veličini kompleksa i klimatskim prilikama, kako bi znalo iz kojih krajeva da pozove stanovnike i da bi odredilo broj familija koji se može na tom kompleksu naseliti?

— I najzad — dodade poručnik — ovaj posao naseljavanja zahteva što češću kontrolu i inspekciju da bi se što savesnije izvršio i da bi se cilj što pre postigao. Ali dopustite mi, gospodine kapetane — reče on najedanput — hoćete li sad vi biti ljubazni da mi kažete zašto sve to vas, kao aktivnog oficira, toliko interesuje.

— Pa zato što mislim da neću uvek ostati u vojsci.

Posle ovoga poručnik se oprosti sa mnom pa ode uz brdo, a ja pođoh u susret jednoj gomilici vojnika koja se pojavi putanjom što vodi iz štaba puka. Kad sam se približio ugledah da vode jednog Arnautina, čvrsto vezanog za ruke.

— Kuda ćete toga čoveka?

— Komandantu jaruge — odgovori mi podnarednik.

— Šta je uradio?

— Privukao se bio do predstraže i taman uzeo na nišan jednog našeg stražara; evo mu i puške.

— Pa kako je uhvaćen?

— Ja sam ga primetio — reče jedan vojnik — pa polako, polako dokle ga ne zgrabih za vrat.

— Što, bre? — pitam Arnautina.

— Jok vala! — odgovara on i žmirka kao da gleda u sunce.

Jedan oficir priđe pa ga udari pesnicom po zubima.

— Što udarate čoveka koji će malo posle...

— Da ste vi videli osmoricu naših regruta koje su oni onakazili, povadili im oči, isekli uši i noseve, prebili kolena i da ste poznavali poručnika Ducmana koga su pre neki dan ubili, onda ne biste tako govorili i video bih šta biste mu vi radili.

Kad su se vojnici malo posle vratili bez Arnautina ja sam sedeo sa poručnikom Maksutom Hilmijem, takođe Arnautinom, koji je iz Esad-pašine žandermerije primljen u našu vojsku.

— Jeste li i vi iz ovih krajeva? — upitah ljubopitljivo Hilmija.

— Ne, ja sam iz Valone. Ali poznajem dobro ove krajeve. Jer dok sam bio u Esad-pašinoj žandarmeriji dolazio sam ovamo i borio se više puta sa ovim istim plemenom, koje se, po mom mišljenju, nikad ne može umiriti.

———

Jedne noći dođe da nas poseti ađutant puka.

— Imam da vam saopštim radosnu vest.

Mi se izbuljismo.

— Idemo za Prizren.

— Šta kažete, čoveče, za Pariz? A ko nas smenjuje?

— Dvanaesti puk.

— Odlazi li ceo naš puk?

— Samo vaš bataljon i štab puka.

Zaista, drugi bataljon našeg puka beše najviše povukao u pobuni. On je, pošto su pobunjenici prognati sa naše teritorije, bio upućen još dva dana marša unapred, u Selitu, njihovo koncentraciono mesto, gde je imao samo da se pojavi, pa potom da se opet povuče na staru liniju. To beše jedan od najriskantnijih marševa koje je jedna trupa, uopšte, mogla dobiti kao zadatak da izvrši, to je prosto bio jedan marš u smrt. Sami Arnauti iz petog njihovog bataljona kojim je komandovao verni Bajram Ramadan i koji su u tom nastupanju vršili bočni marš pod borbom, dok je naš bataljon prolazio neuznemiravan, izražavali su našim oficirima bojazan da će se zadatak moći izvršiti i bili su jako zabrinuti. Jer su užasni klanci kroz koje se moralo proći, po svaku cenu, bili veoma povoljni za Arnaute, koji su, po pričanju Ramadanovom, za tursko vreme, uspeli da unište, pošto opkole i razoružaju, mnoge njihove bataljone askera. Za stoku put je bio prosto nemoguć, a sam komandant bataljona, u privatnom pismu komandantu odseka koje mu je poslao iz Selite, navodio je: kako se za osam godina ratovanja nikad nije nalazio u tako mučnoj situaciji. Srećom, ubrzo je stiglo i naređenje da se bataljon sa vodom mitraljeza, koji je takođe išao, vrati u sastav puka, i on se uglavnom sretno vratio pošto je ostavio, istina, nekoliko vojnika koji su se u putu razboleli i tamo zanavek ostali.

Kako je na frontu potom nastalo zatišje, a teškoće oko ishrane ljudi i stoke neopisane, to je i naređeno da se ovaj bataljon povuče u Prizren.

Ubrzo nam je stiglo i naređenje iz puka da bataljon spremamo za polazak. Očekivao se samo dvanaesti puk koji je imao da smeni druga dva naša bataljona što su imala da ostanu na položajima s one strane Drima. Kad je komandant odseka pojahao konja i s Aljuš-agom, Ganji Likom i svojim štabom pošao za Prizren on nam, pokazujući rukom nebo koje beše mutno i most na Drimu, preporuči da požurimo. Ja tada pomislih na dvanaesti puk koji ostaje, ali sebičnost pobedi i ja osetih sreću koja se ne da opisati što ću pre kiše biti s one strane mosta.

## Sa položaja u Prizren

Kolonom po jedan, rano sutradan, spuštali smo se lako i radosno niz ono brdo što liči na položeno jaje sa „šotom" okrenutom ka Drimu. Ljudi su žagorili i veselo se zadirkivali, osećali se vedri, raspoloženi, zadovoljni ponositi kao što uvek izgledaju vojnici na početku marša posle borbe ili srećno svršenih operacija. Usput sretamo komordžije dvanaestog puka koji se raspituju o svojim jedinicama. Naši vojnici im pokazuju:

— Eno na onaj veliki vis beše Bog, a mi pa pozadi njeg'. Tuj ti je puk.

Pa onda raspoloženje postepeno opada, jer je marš težak i tek o zastancima, kad umorni posedamo i pušimo, razgovor se nastavlja. Prolazeći kroz upaljena sela vojnici se podsećaju momenata iz nastupanja, objašnjavaju kuda su prošli i pokazuju mesta gde su Arnauti davali otpora.

Tako stižemo do Drima gde nastaje spor i opasan prelaz koji traje satima; opasan jer most, i inače nesolidan, sad je mokar i klizav. Svi bauljaju „četvoronoške" i retko se nađe pokoji slobodan vojnik da ga uspravno pređe. Oficiri koji stoje kod mosta hrabre, upućuju, objašnjavaju vojnicima kako da prelaze, preporučuju im da ne gledaju u vodu, ali oni, opterećeni teškom spremom koja im smeta, greše, suljaju se, zastaju unezvereni nasred mosta i klizaju se dok ne stignu do kraja, da odatle veselo poskoče na peskovitu obalu kao posle ozbiljne, izbegnute opasnosti.

I tako redom, nekoliko časova, napregnuto i već zamoreno pratimo jednog po jednog kad naiđe druga četa kapetana Tadića, koja je na redu da prelazi. Svi posmatramo na čelu čete njegovog najboljeg vojnika, možda najboljeg u celom bataljonu, Andriju Kovačevića iz Nevesinja, kako uspravno, sa dvema puškama od kojih je jedna njegovog bolesnog druga, nailazi neustrašivo na most, prav kao bor. On pređe više od polovine mosta slobodno i lako, pa tu pokuša da se zatrči i tako pređe i onaj ostali deo. Ali se baš na mestu gde su balvani nastavljeni okliznu, pade za tren oka u vodu gde ga nestade da se posle nekoliko sekundi ponovo pokaže i očajno krikne, pa ga opet nestade da se više nikad i ne pojavi. I dok smo mi onemeli gledali u brzu vodu, njegov narednik pojuri niže mosta, skoči u vodu i zapliva, pa održavajući se na sredini Drima samo sa glavom nad vodom iščekivaše neko vreme da se Andrija pojavi. Ali je Andrija, i suviše opterećen municijom, puškama i rancem, bio ostao negde na dnu. Onda narednik iziđe iz vode a mi opet čekasmo da se jadnik ponovo pojavi i idosmo pored Drima ne bi li ga primetili kad ga voda izbaci, ali uzalud. Potom vojnici, još više uznemireni, nastavljaju da prelaze plašljivo i ćuteći, dok komandant ne naredi da se svlačimo i pregazimo Drim onde gde je pritkama obeležen kao gazan. I tako svučeni, po četiri u redu, ruku pod ruku, prelazimo mnogo brže, oblačimo se na suprotnoj strani da, posle toga, produžimo marš, bez Andrije, ćutljivi, tužni i ogorčeni.

Tu noć zanoćili smo u Vasjatu, iduću u Ujmištu, a treću iza Ljum-Kule pored Belog Drima, odakle nas preko noć htedoše vratiti nazad na stare položaje, jer je Ganji Lika bio poslao izveštaj o pojavi Arnauta u pozadini dvanaestog puka, pa taj njegov izveštaj potvrdio i komandant prvog bataljona koji je ostao u Ljusni. Ali umesto nas poslaše tamo druge, bliže jedinice, te tako sutradan, po najvećoj žegi, stigosmo u Prizren, gde je bataljon, pošto je jednu četu ostavio u selu Žur, proveo sa tri čete sve do kraja moje dvomesečne vežbe.

# U Prizrenu

Još isto veče, pošto smo po dolasku podigli logor, postavili garnizone straže i poskidali naše brade da izgledamo kao ljudi, odosmo u varoš. A doći u varoš iz one divljine to je prosto značilo ponovo se roditi. Pred turskom poslastičarnicom „Kod Jugoslavije", gde se skupljahu oficiri i činovnici, živost kao nasred Terazija to jest „korzo" u najvećem jeku. Ne znamo s kim ćemo pre da stanemo i da se pozdravimo, šta ćemo pre da kažemo, o čemu ćemo pre da se raspitamo, odakle ćemo pre da otpočnemo kad govorimo o preživljenim mukama. Avijatičar S, moj saputnik do Skoplja, čim me spazi skoči iza stola pa mi pođe u susret.

— Al' ste se promenili!
— Video sam vas kad ste leteli, zar vi mene niste opazili?
— Mi ne gledamo sirotinju. Ali šalu na stranu, ja uopšte tamo nisam ništa ni video.
— Pa šta ste gledali i na koga ste bacali bombe?
— Na Selitu.
— Onako otprilike?
— Otprilike.
— Ali poslednjih dana nikako niste ni dolazili.
— Mi smo gospoda, mi ne idemo peške.
— A vaši aparati?
— Skrhani.
— Svi?
— Do poslednjeg. Sećate li se šta sam vam govorio?

— Jesu li se bar isplatili?
— Do đavola. Rekoh li vam da ništa nismo videli. I šta možete videti u ovim krševima!
— Koliko ste imali aparata na ovom frontu?
— Pet.
— Po sto hiljada dinara jedan.
— Po sto pedeset hiljada franaka jedan — odgovori on naglašavajući reč „franaka".
— Fino. Nekad su ratovi koštali jeftinije nego sad pobune.
I tek što sam ostavio avijatičara S. kad me dokopa potporučnik Gortan, komandant, avijatičar i ljubavnik iz Kukusa.
— Gospodine kapetane moj naklon.
— I moj.
— Čuo sam da ste stigli pa sam pojurio. A ja primljen u avijatiku, bio sam na pregledu u Prištini i oglašen za sposobnog.
— A ko će primiti onolike vaše dužnosti u Kukusu i šta će majorica?
— Majorica me ne vole. Verujte sve sam činio i nije mi pomoglo. Eno joj Džafera a dužnosti neka primi ko hoće.
Utom iz poslastičarnice izlazi graničar Toza.
— A, Gortan vas već uhvatio da davi.
Pa se svi, sakupljajući se neprestano usput i idući ispod ruke, upućujemo kod „Kraljevića Đorđa" na večeru i vino, odnosno na vino i večeru jer je vino glavno. I ne osećamo šiljastu kaldrmu, niti nas ljuti što je varoš neosvetljena. Ne vidimo nijednu manu Prizrena. Naprotiv, sve nam izgleda sjajno, velelepno. Prijatno nam da čujemo hodžu, simpatični nam Turci što sa fenjerima u ruci žure bulama, vesele nas zvuci trube, povečerje što dopire do nas iz logora. A tamo u kafani sretamo nove prijatelje i poznanike, iznenađujemo se kad se ugledamo i poznamo, stežemo jedan drugom ruke srdačnije od braće, ljubimo se, smejemo se puni sreće i sastavljamo stolove.
— Otkad se nismo videli, bolan?
— Još iz bugarskog rata. Zar se ne sećaš, na Rajčanskom ridu?
— Odakle sad dolaziš?

— Sa Ćafe Kolšita. Ne poznaješ? Znaš gde je Curej Eper, znaš Prokletiju?
— Znam Ćafu Marinu i Ćafu Prušit.
— A Radičević poginuo?
— Jest' siroma'! Pa Hadži Kostić, pa Žika, pa Janjić, odoše svi. Sećaš se našeg starog puka?
— Pa kako je tamo?
— Sjajno. Najbolja mazga ne može da izdrži više od mesec dana, a ja, evo vidiš.
— Šta ćeš, nismo svi za Zagreb i Beograd.

I svi se smejemo iskreno kao deca, ne možemo jedan drugog dovoljno da se nagledamo, uveravamo kako smo jedan o drugom stalno raspitivali, dokazujemo to poznavanjem nekih važnijih postupaka iz našeg života, otkako se nismo videli. Pa svi naručujemo vino i sve što vidimo u kafani za jelo, nudimo jedan drugom cigarete iako već po jednu imamo u ustima, svi tražimo da odmah platimo bojeći se da neko ne preduhitri i ne znajući već kako da izrazimo naročitu radost u kojoj plivamo. I zaista, to što se u tim momentima prave drugarske sreće može da oseti tamo dole vredi više nego mnoga zadovoljstva što se godinama mogu uživati u onom sebičnom, neiskrenom Beogradu, koji je postao ružan sa puno tuđih, hladnih ljudi, u kome čovek gleda kao blesav i gde nikad nemate vremena ni za najboljeg prijatelja, koga često obilazite praveći se kao da ga niste videli.

Pa onda nastaje pesma i kucanje sa čašama.
— U njeno zdravlje!
— Čije?
— Ruskinje, generalove kćeri. Ti i ne znaš šta ima Prizren? — obraćaju se meni.
— Živela Sonja Petrovna!

I svi se kucaju sa sentimentalnim kapetanom Brankom koji se smeši:
— Ostavite vi mene na miru, ni ja nikoga ne diram.

Pa nastaju deklamacije i produkcije i tako sve do bele zore kad se rastajemo i odlazimo „kući" prelazeći najpre preko turskog, pa pravoslavnog i katoličkog groblja, kroz koje vodi uska staza između mnogobrojnih spomenika i krstača, staza koju potporučnik Čedomir još nikad nije pogodio kad se iz varoši vraćao u logor.

———

I tako teku logorski dani: vežbamo vojnike, dajemo straže, držimo teorne časove i smotre, nosimo se sa izjašnjenjima, a uveče u varoš na „crno ora'ovačko" kod „Kraljevića Đorđa". A ja svako jutro pošto ustanem i svršim posao šetam se pored logora i brojim koliko mi je još ostalo dana do kraja vežbe, koja mi se nešto mnogo otegla. Rekao bi čovek svašta kad bi me posmatrao kako sagnute glave gledam u zemlju, ispružam jedan po jedan prst na ruci i šapućem datume. I samo onaj ko bi poznavao moju muku razumeo bi me. Međutim, ovih dana postao sam velika „zverka". Moj komandant bataljona postavljen je za komandanta okružne komande, a ja ostao da ga zastupam u dužnosti. I kao svaki novajlija „šrafim" mlađe. Sve se bojim da ne popusti disciplina i red pa da ne kažu: „Eno, ona rezerva došla pa upropasti bataljon". I da se to ne bi kazalo ja pritegao možda više nego što je bilo potrebno. I tek kad je došlo dotle da komandant puka prizna kako je prijatno iznenađen stanjem u bataljonu koji funkcioniše kao mašina, onda popuštam i dozvoljavam sebi da se malo našalim sa kapetanom Đurom, koji je u stalnom neprijateljstvu sa administracijom i od koga tražim stroga i hitna izjašnjenja. Zapletem stvar i zakeram: je li komandir druge čete uradio to i to i ako jeste zašto jeste, a ako nije zašto nije? A on ode u šator, okreće onaj tabak, šapuće i žali se oficirima:

— E, velju, kad me ovaj zakovrne advokatski, pa ni da maknem.

I sve tako komandantski: kad nađem za „shodno" idem u varoš da čitam novine koje su pre nedelju dana izašle u Beogradu, da jedem baklavu ili da nađem po koga poznanika te da s njim „tretiram važna pitanja", što rekao naš ađutant. Ali najvažnije pitanje koje tamo „tretiramo" to je pitanje javne nesigurnosti.

— Jesi li čuo — pita me jednog dana moj poznanik Turčin u čiju radnju obično svraćam da pazarim — da su opet napali neke putnike na putu Ferizović-Prizren?

— Ja znam za onih devet što su izginuli blizu Suve Reke.

— Ne, ovo je drugo.

— Pa lepo, šta je to? — pitam ja Turčina. — Zar se tim kačacima baš ne može da stane na put?

— To isto htedoh ja tebe da upitam.

— Znam — rekoh. — Ali vi ovde stalno živite; vama su poznati svi metodi upotrebljavani protivu tih zlikovaca, i turski i austrijski, bugarski kao i naši, sve ste gledali, poznate su vam prilike, pa me interesuje kako vi građani objašnjavate to da se njima baš ništa ne može i kako vi mislite da treba raditi da se to pitanje najzad skine s dnevnog reda.

Turčin mi ponudi da sednem, poćuta malo, zavrte glavom, pa odgovori:

— Krive su vlasti. Ali otkuda ja, biva, smem kuditi vaše vlasti?

Ja ga umolih da govori sasvim slobodno.

— Ti znaš — oslobodi se Turčin — da policijske vlasti stalno pozivaju odmetnike na predaju i da se posle takvih poziva mnogi, osobito pred zimu i predaju. Ali vlasti, pošto se oni povrate svojim kućama umesto da tada protivu njih povedu istragu za zločine što su ih dotle izvršili, ostavljaju ih na miru i ne diraju. I tako svi ovi kačaci provode zimu kod svojih kuća, a u proleće ponovo dohvataju puške koje su sakrili, begaju u šumu, opet pljačkaju i ubijaju da se na zimu predadu i to se neprestano ponavlja. A osim toga vaše su vlasti pokvarene i to mnogo više nego ma koje druge koje su ovde bile. Ja se sve bojim šta će iz toga izići. Ja imam imanje u Krumi, to je srez haski. Tu skoro za načelnika sreza došao je jedan gospodin iz Beograda, iz ministarstva. On je imao na službi dvadeset šest žandarma i umesto da ih uputi onde gde im je mesto, on ih sam, na svoju ruku, postavlja za opštinske delovođe; tako je sedmoricu postavio za delovođe, a sedmoricu za njihove pomoćnike. Kad je za to optužen on ih je smenio, ali se njihove priznanice o primljenoj plati još tamo mogu naći. I kad se tako radi onda otkud može biti bezbednosti?

— Pa ovde vam je šef okruga. Zašto se ne žalite, zašto ne protestujete?

Turčin se gorko nasmeja:

— Ovde da protestujemo, ovde da se žalimo? Ovde se iskorišćuje albanska pobuna za partijske ciljeve, poturaju se ljudima udešena pisma da se osumnjiče kako su u vezi sa pobunjenicima, ovde se svakog meseca izmišlja po jedan pokolj Srba. Zna se zašto.

— To mi nije novo — rekoh. — I slušao sam kako se pomoću paragrafa osamdeset petog pridobijaju ljudi za partiju.

— Znam da si mnogo ovde čuo i video — odgovori Turčin. — Ali šta to vredi? Kad odeš u Beograd a ti sve zaboraviš kao i svi što su ovde bili i raspitivali o našim nevoljama.

I posle svakog takvog razgovora ja odlazim u logor sagnute glave, neraspoložen, posramljen, ponižen. Stid me je da prolazim više onim ulicama odakle me iz malih dućančića gledaju ljudi koji uvek nešto poverljivo šapuću i koji posigurno zamišljaju: da sam i ja isto tako jedan od onih bednika što su tu da ih iskoriste, da ih ucene ili opljačkaju.

I ispružen na svom poljskom krevetu pod šatorom razmišljam o toj nesretnoj Arbaniji koja je uvek bila i koja će još zadugo ostati naša grobnica i naša sramota, ta Arbanija u kojoj sam tri puta gledao strašna umiranja i čija plemena zavađamo da bi vladali; naš hladni Sibir koji znači obetovanu zemlju za korumpirane činovnike što se otud vraćaju prebogati i u kome svakog proleća ginu naši divni vojnici i oficiri, naši mladi mučenici nesvesni zaštitnici pljačkaša i obmanuti branioci zločinaca.

———

Tako se sve više približuje kraj moje vežbe. Ali kao da više ne osećam zbog toga onakvu radost kao ono u početku, kad mi se ponekad činilo da taj kraj, možda, nikad neću ni dočekati. Međutim, to mi baš nimalo nije čudnovato. Znam posigurno da se i u Beogradu neću osećati zadovoljan, jer čovek nikad nije zadovoljan sadašnjicom i hoću s tim jedanput da budem načisto. Sadašnjica je uvek dosadna i čovek je, zbog raznih, uglavnom sitnih koristi, računa, očekivanja i nadanja, nestrpljiv pa bi hteo da vreme žurno prolazi i raduje se kad je bliže onom roku kad ga očekuje kakva sitna dobit, kakvo ostvarenje nade koje nije nikad slatko kao sama nada. I tako prolazi život u našem nesvesnom radovanju što je sve kraći.

Zato više i ne priznajem nadu i znam da ću, kad budem stigao u Beograd, govoriti i verovati kako sam se ovde u Prizrenu pa i na samom položaju osećao mnogo bolje negoli u njemu. Jer takav je čovek koji u borbi traži mir a u miru želi borbu, koji večito luta i nikad jasno ne zna šta hoće. Eto, imao sam stotinu planova za ovih dva meseca a uveren sam da nijedan od njih neću ni pokušati da ostvarim kad tamo budem stigao. Međutim, u kovanju, krojenju i izrađivanju tih istih planova proteklo mi je sve slobodno vreme otkako se ovde nalazim, dakle dva meseca života. Razmišljanje o njima, to je upravo i bio sav moj život za sve to vreme; a tako je bilo i do sad, u prošlosti, i može se reći da to isto važi za sve ljude i njihove planove. Jer neka se svaki upita: koliko je imao težnji što ih je docnije osudio kao neozbiljne, štetne ili nerazumne, koliko je želja docnije ismejao, od koliko se misli docnije zastideo, koliko je planova što su ga vrlo mnogo truda stali docnije odbacio kao neosnovane, besmislene, neostvarljive. A one težnje i želje, one misli i oni planovi ispunjavali su u danom vremenu svu njegovu dušu, sav život te duše; u njima i za njih on je tada isključivo i živeo. Pa se pitam: da nije to večna sudbina života? Jer gde su nam dokazi za opravdanost današnjih težnji, želja, misli i planova ili onih što će naš docniji život ispuniti? Gde su garantije da se ne luta i da se neće večno lutati? I još nešto: nalazi li se, možda, objašnjenje ove društvene anarhije kojoj prisustvujemo u lakoći i upornosti sa kojima se pristupa ostvarenju svih težnji, želja, misli, planova prividno osnovanih ali ostvarljivih, ili korisnih ili mudrih. I zašto je neminovno da tako bude?...

I tako, kad uvidim da se može misliti dokle se hoće, pa se ipak mora završiti sa „zašto", ja skačem, spremam se, pa odlazim na „Maroš", kafanu na vodi izvan varoši, jer sam uveren da ću tamo pred njom, pod velikim platanima sa kojih opada požutelo veliko lišće, naći njih dvoje, Ruskinju i Branka i da će mi u lakim šalama s njima vreme brzo proteći. I kao uvek zatičem ih snuždene i kako sanjalački gledaju u žuto lišće na zemlji ili daleko tamo preko Bistrice u snežne vrhove Koritnika, da se prenu i iskreno obraduju kad me ugledaju.

— A mi tek što smo došli iz logora gde smo vas tražili i gde su nam kazali da ste već otišli u varoš.

— Ja ne primam u logoru besposlene.

— Znam da nas izbegavate, mi smo to primetili — kaže Sonja.

— To je istina, jer ja u logoru nisam advokat, niti smem da vam ukazujem pomoć koju od mene tražite. Vi jednom treba da upamtite da se u vojsci ne sme vršiti advokatska praksa.

— E pa lepo, nećemo više o nama da govorimo.

— Ni o ruskim boljševicima?

— Ni o njima.

— Onda mogu da sednem.

Istorija ovih dvoje smrtno zaljubljenih bila je vrlo prosta.

Branko je u onim hučnim danima slave posle oslobođenja tamo u Bačkoj stekao verenicu, sa kojom je odlučio da raskrsti čim je po dolasku u Prizren video Ruskinju. A ona je znala da on ima verenicu u Bačkoj pa ga je preklinjala radi njegove časti da ne gazi zadanu reč i da nju, Sonju, koja ga neiskazano voli ostavi na miru. Neka se samo oženi i neka nju, koja će biti nesretna, ostavi njenoj večnoj tuzi. Nedavno, kad joj je otac, jedan stari general, naprasno umro za stolom on je pao na desnu stranu. To nesumnjivo znači da će, posle njega, još neko iz kuće uskoro umreti. A to će biti ona i niko drugi. Ona mora umreti u Srbiji i to ubrzo, ona to zna. Ali pre nego što umre ima jednu jedinu i neobuzdanu želju da ode u Grčku. Tamo će potražiti ono čuveno ostrvce gde se danas nalazi sveta ikona što je bila položena na grudi u Solunu poginulog kralja. Još dok je bila u Francuskoj zavetovala se na taj korak. Tu retku svetinju, koju su čitava tuceta prvih vladika osveštali, ona mora celivati. I to je jedino možda što je još može spasti od prerane smrti, koja će, ako to što pre ne učini, prema onom predskazanju, nesumnjivo brzo nastupiti.

— Eto vam sad ako ranije niste poznavali ruski misticizam — rekao mi je Branko kad mi je Sonja prvi put ispričala svoju golemu muku.

— Ali recite mu vi, ja mnogo polažem da mu vi kažete — šaputala je Sonja — kako njegova namera nije nimalo časna.

I Branko bi se uvek posle toga nervirao:

— Ali šta tu ima nečasno? Ja sam bolovao od tifusa, u njihovoj kući. Ona me je negovala i ozdravio sam. Ozdravio bih i inače jer sam jake konstrukcije.

A kad sam ozdravio, i ne razmišljajući, onako iz zahvalnosti, ja dadoh reč. Pop i popadija hvataju se odmah za tu reč. Ja nijednog trenutka nisam bio zaljubljen. Ona ima mađarsko vaspitanje. Nije ta duša za mene. I samo u onom pijanstvu što nas je tamo bilo obuzelo posle oslobođenja čovek je na svašta bio gotov da se obaveže. Zar pošto se otrezni ono što je učinio u pijanstvu treba da ga veže za ceo život? Posle toga sam premešten ovamo.

— I ovde ste videli mene. A kad vas premeste u drugu varoš videćete drugu.

Branko se branio, mucao, ali je odbrana bila nevešta.

— Kažite vi umesto njega to što bi on hteo da mi kaže — obraćala mi se Sonja.

— Oprostite, ja neću da budem Sirano de Prizrenak.

Ona se nasmeja:

— I nemate za to sve uslove.

Veče se spuštalo. Ona je sedela skrštenih nogu, prava, spokojna, elegantna, u pozi najotmenije Amerikanke na prostoj klupi pariskog bulevara, dok joj je vetrić lelujao plave uvojke na slepoočnicama i kraj lakoga vela spuštenog niz leđa. I kao da se sve oko nas bilo naglo da gleda u nju, i platani i stari grad nad nama i mali turski kućerci što su se izvirivali; u ovo samohrano, lepo kao bol stvorenje koje nedavno nije moglo ni sanjati da će ga sudbina ispratiti ovamo u ovu divljinu, koja kao da je i sama sva u nju smrtno zaljubljena.

Kad se jedan veliki žuti list polako spusti na njeno rame Branko brzo pruži ruku da ga skine, ali list pade i on ga pobožno podiže, pa gledajući u nju zaljubljeno zakiti njime bluzu na grudima za vrpcu više srca o kojoj mu visi orden.

A pošto smo je ispratili kući i krenuli za logor on me uhvati pod ruku:

— Ja ne znam šta je meni danas. Veruj mi, jutros prvi put sam osetio šta je to čovek bez nade. Svako jutro do sad ustajao sam raspoložen, pun nade, koja se, istina, gasila u toku dana, ali da se ponovo rodi izjutra. Rano jutro to je bilo moje omiljeno vreme, zora to su najslađi moji trenuci kad sam veseo, živ, prkosan, kad mi se čini da sve mogu što zamislim. Ali jutros navališe bolovi i kad se muke naslagaše u toj meri da ih više nisam mogao izdržati sinula mi je, kao nikad do sad ozbiljno, misao o samoubistvu. I zamisli, toga trenutka osetio sam da mi se javila nova, jedina, poslednja i značajna nada. Dakle ja sam u stanju učiniti kraj svojim mukama, ja im mogu reći: „Trajaćete onoliko koliko ja hoću i dokle hoću, ja sam vaš gospodar". I kad je tako onda sam spašen, jer je ova nada stvarna, spasonosna nada, jer kad su se ugasile sve nade skopčane sa životom na zemlji ostajala je još ona. I ona me je razonodila, ona mi je bolove učinila snošljivim, pošto su ti bolovi, što tako besno vladaju u meni, ipak u mojoj vlasti i besneće samo donde dokle ja hoću.

— E, jesi li gotov? — upitah Branka kad je ućutao.

— Jesam — reče on. — To sam imao da ti kažem.

— Dragi prijatelju — rekoh. — Slušaj što ću ti reći; ali, pre svega, obećaj da ćeš me poslušati.

— Ti znaš koliko te ja volim.

— E onda slušaj: oženi se odmah Sonjom. Šta te se tiče popadija i njena ćerka u Bačkoj.

A on kao da je samo to čekao, kao zapeta puška, zagrli me uzbuđeno pa odgovori:

— Pravo kažeš. Ona će naći drugog pa mirna Bačka.

— Stoj, ko ide? — prodere se stražar jer bismo naišli na logor.

— Oficiri.

— Oficiri napred.

———

I najzad je došao čas koji sam toliko očekivao, čas moga razrešenja. Poslednji nam dani behu vrlo sumorni, jer se sva naša služba sastojala u određivanju vojnika za sprovod njihovih drugova što su umirali u bolnici. A umiralo se skoro svakoga dana, pa često odjekivahu Prizrenom trubni zvuci žalosnog marša i pre i posle podne, i sve nove i nove krstače nicahu na vojničkom groblju. Ponekad ne znađasmo ni imena umrlih vojnika i sahranjivasmo ih sa prostim natpisom na krstači: *srpski vojnik*. To behu oni među jadnicima što iz raznih jedinica dolažahu polumrtvi s položaja u Prizren, noćivahu po hanovima jer ne znađahu gde će, ili pod strejama, sve dok ih bolest ne obori toliko da se onesveste, kad ih odvode u građansku bolnicu gde umiru i gde, iz hartija što se kod njih nađu, ponekad saznaju njihova imena ili ako ovih nemaju sahranjuju kao nepoznate.

Eto, tu bolnu dužnost sahranjivanja predao sam svome vodnom oficiru drugog novembra kad sam razrešen.

A sutradan rano, ispraćen od svojih najboljih drugova, seo sam u automobil za Uroševac zajedno sa vodnikom iz mog bataljona, rezervnim potporučnikom Lovšinom, koji je takođe bio otpušten s vežbe. Ovaj rastanak s vojnicima i oficirima beše dirljiv, jer za dva meseca nerazdvojnog života bili smo i suviše prijatno navikli jedan na drugog.

Branko mi priđe poslednji, pa kad se pozdravismo reče:

— Ja ću te poslušati.

— Ne — rekoh. — Pokajao sam se. Ti moraš uzeti verenicu iz Bačke.

A kad je automobil odmakao ugledah oficire kako gledaju za nama i njega, koji je, videlo se, tek sad imao puno da me pita i izgledao zaprepašćen, pa mi dođe da se vratim, ali beše dockan...

Put od Uroševca do Beograda nije bio nimalo interesantan. Za sve vreme, dva dana i dve noći, mrzli smo se u hladnim vagonima, te nam nije bilo ni do razgovora, ni do čega. A kad dockan uveče stigosmo u Beograd dočeka nas samo vetar, koji je strašno fijukao i besno lomio pustim beogradskim ulicama. Pred samom kućom, Lovšin, koga sam poveo kao gosta, i ja zatekosmo moga starog „devera" Jovana, detektiva Uprave varoši Beograda.

— Jovane — rekoh — zar opet, i otkud znaš da dolazim?

— Pa poslali ste telegram „Progresu".

Zatim nastavi zbunjeno da mi se izvinjava:

— Vi znate... ja sam vam i ranije govorio da ću napustiti ovu gadnu službu. Kao Srbin iz preka ja ne poznajem ovdašnje ljude. Mislio sam da će me odrediti da pratim kakvog Mađara ili istinski sumnjivog čoveka, a oni me šalju za vama. Raspitao sam se i saznao sam da ste dobar čovek, oprostite, ja moram. Ja ću vam sve dostaviti iz Uprave, a vi meni da kupite kola drva, jer sam siromah, plata mi ne stiže.

Ja ustrčah uz stepenice, Lovšin za mnom:

— Ko je taj čovek?

— Detektiv Uprave varoši.
— Šta će?
— Motri. Vi i ne znate, ja sam čovek sumnjiv, ja sam izdajnik otadžbine.

A on, koji me je dva meseca gledao na poslu otadžbine i poznao me kao sebe, neiskazano iznenađen, zgadi se pa reče:

— Neverovatno gadno!

Kad uđosmo unutra primetismo da sam i pokraden. Ja otvorih orman sa mojim građanskim odelom; on beše savršeno prazan. Ni šešira nisam imao za sutradan...

— Dobro je — rekoh Lovšinu — ostali su pokrivači. Skidajte se brzo pa lezite u vaš krevet. Ja sam se smrzô.

I dok su mi zubi cvokotali i celo telo drhtalo, zgrčen ispod pokrivača, razmišljao sam: „Kako je postao ružan, rđav, odvratan ovaj Beograd, koji sam voleo kao svoju rođenu majku".

## BELEŠKA O PISCU I DELU

Dragiša Vasić, istaknuti srpski pravnik, književnik i publicista, rođen je 1885. godine u Gornjem Milanovcu.

Osnovnu školu i niže razrede gimnazije završio je u rodnom gradu. Više razrede gimnazije i Pravni fakultet završava u Beogradu. Diplomirao je u junu 1907. i odmah zatim otišao u Pešadijsku oficirsku školu na služenje vojnog roka. U ovoj beogradskoj školi godinu dana kasnije uspešno polaže ispit za rezervnog oficira.

Napredovanje u pravničkoj službi ubrzo prekidaju ratovi — u Prvi balkanski rat stupa kao rezervni oficir i učestvuje u Kumanovskoj, a u Drugom balkanskom ratu učestvuje u Bregalničkoj bici. Za zasluge u borbama odlikovan je Zlatnom medaljom za hrabrost.

Učestvuje i u Prvom svetskom ratu. Borio se na Ceru i položajima kod Šapca, u Kolubarskoj bici, sudelovao u odbrani Beograda, a zatim povlačio sa srpskom vojskom preko Albanije. Posle oporavka na Krfu, prebačen je na Solunski front.

Po završetku Velikog rata, na sopstveni zahtev oslobođen je vojne službe.

U periodu od maja do avgusta 1920, glavni je urednik liberalno-demokratskog lista „Progres". Zbog svojih opoziciono obojenih političkih članaka i komentara, ovaj list je vrlo brzo ugašen, a Dragiša Vasić po kazni poslat u planine na granici sa Albanijom da učestvuje u gušenju pobune albanskih plemena.

Pošto se zbog navedenog podrazumevalo da za njega više nema posla u državnoj službi, po povratku započinje advokatsku karijeru. Njegova kancelarija u Beogradu bila je jedna od najuglednijih u prestonici.

U februaru 1934. godine izabran je za dopisnog člana Srpske kraljevske akademije.

Sa Slobodanom Jovanovićem 1937. osniva Srpski kulturni klub, 1938. postaje član Upravnog odbora Srpske književne zadruge, a zatim i član njenog Književnog odbora. Srpski kulturni klub 1939. godine pokreće list „Srpski glas", a Dragiša Vasić biva izabran za njegovog glavnog urednika. I ovaj list je, tokom svega sedam meseci svoga postojanja, više puta zabranjivan.

Posle kapitulacije, aprila 1941. godine, Dragiša Vasić na poziv Draže Mihailovića pristupa njegovom četničkom pokretu i postaje Dražin lični pomoćnik, savetnik za politička pitanja i zamenik. Početkom 1944. godine razilazi se sa Mihailovićem i pridružuje četnicima Pavla Đurišića.

Pogubljen je krajem avgusta 1945. Njegova smrt obavijena je velom misterije. Većina izvora navodi da su ga zarobile, a zatim i ubile ustaše u koncentracionom logoru Nova Gradiška. Međutim, postoje i neki drugi izvori koji tvrde da su ga zarobili i streljali partizani u Banjaluci.

U martu 1945. godine, dok je još bio živ, Dragiša Vasić je od strane komunista proglašen za „izdajnika naroda" i „ratnog zločinca". Sva imovina mu je konfiskovana i izbačen je iz kulturne baštine srpskoga naroda. Pod stavkom „obrazloženje zločina" upisano je da je bio učesnik nemačko-četničke konferencije u Beogradu, od 5. do 7. februara 1942. godine, „kada je ugovorena politička i vojna saradnja četnika sa Nemcima i zajednička akcija protiv partizana".

Sudsko veće Okružnog suda u Beogradu, rehabilitovalo je Dragišu Vasića decembra 2009. godine, utvrđivanjem da pomenuta konferencija nije ni održana, kao i da Vasić tokom okupacije nije dolazio u Beograd.

U knjizi *Dva meseca u jugoslovenskom Sibiru*, Dragiša Vasić, jedan od najznačajnijih srpskih intelektualaca, donosi potresno svedočanstvo sa granice Kraljevine SHS i Albanije, gde je 1920. godine, po kazni vlasti, poslat na dvomesečnu vojnu vežbu usred gušenja albanske pobune. Kao urednik nezavisnog dnevnog lista „Progres", Vasić je zbog svojih oštrih političkih komentara i kritika režima izazvao pažnju cenzure i postao nepoželjan. Zatvaranjem lista i njegovim mobilisanjem, država pokušava da ga ućutka, ali bez uspeha. Po povratku iz tog „jugoslovenskog Sibira", kako sam ironično naziva zabačenu, korupcijom i nasiljem razaranu pograničnu oblast, Vasić objavljuje seriju zapažanja i političkih komentara u listu „Republika", a već 1921. objedinjuje ih u ovoj snažnoj, dokumentarno-literarnoj knjizi. Revoltiran odnosom Kraljevine SHS prema dotičnom pograničnom području (slanje najgorih činovnika koji su širokogrudo sarađivali sa albanskim pobunjenicima „kačacima"), kroz gorke slike svakodnevice vojnika, korumpiranih činovnika i beščašća državnog aparata, autor otkriva tamnu stranu posleratne stvarnosti. Njegovo pero je britko, a patriotizam bez ostatka: posvećen narodu, pravdi i žrtvama, Vasić ne štedi ni režim ni samog sebe u potrazi za istinom.

Dragiša Vasić
DVA MESECA U JUGOSLOVENSKOM SIBIRU
London, 2025

Izdavač
Globland Books
27 Old Gloucester Street
London, WC1N 3AX
United Kingdom
www.globlandbooks.com
info@globlandbooks.com

www.ingramcontent.com/pod-product-compliance
Lightning Source LLC
Chambersburg PA
CBHW052109070526
44584CB00017B/2403